복음이란 무엇인가? 4

세상의 빛, 그리스도
(요 8:12~44)

임 덕 규 지음

기독교문서선교회

기독교문서선교회(Christian Literature Crusade: 약칭 CLC)는
1941년 영국 콜체스터에서 켄 아담스에 의해 시작되었으며
국제 본부는 영국의 쉐필드에 있습니다.
국제 CLC는 59개 나라에서 180개의 본부를 두고, 약 650여 명의
선교사들이 이동도서차량 40대를 이용하여 문서 보급에 힘쓰고 있으며
이메일 주문을 통해 130여 국으로 책을 공급하고 있습니다.
한국 CLC는 청교도적 복음주의 신학과 신앙서적을 출판하는
문서선교기관으로서, 한 영혼이라도 구원되길 소망하면서
주님이 오시는 그날까지 최선을 다할 것입니다.

Christ as The Light of The World

Written by

Duk-Kyu Im

Korean Edition
Copyright © 2013 by Christian Literature Crusade
Seoul, Korea

저자 서문

군선교를 하고 있는 어느 복음주의 사역자가 대단히 충격적인 말을 한 것을 들었습니다.

"군에 온 젊은이들 3명 중 1명은 우울증이나 정신고통, 혹은 무기력증에 빠져 있다."

우리는 선진국가인 미국에서 총기사용으로 수많은 사람이 죽는 상황을 수시로 목격하고 있습니다. 어떤 일본 선교사는 일본인 각 가정에 정신문제를 가진 자들이 있다고 말했습니다. 과장일 수도 있으나, 일본 젊은이들이 심각한 영적문제를 가지고 있는 것은 틀림없습니다.

지구 상에서 가면 갈수록 많이 생기는 것이 우울증 등 영적인 문제입니다. 물론 우울증 등과 같은 문제의 원인이 영적인 데만 있는 것은 아니며, 여러 가지 다양한 사회적 및 신체적인 원인으로 생기는 경우도 많이 있습니다. 그러나 영적인 문제로 생기는 우울증은 과학적인 방법이나 심리적 방법으로는 치료할 수 없는 질병입니다. 그 배후에 사탄의 세력이 개입하고 있기 때문입니다. 이런 영적 질병은 태초에 인류의 조상 아담이 사탄의 유혹으로 하나님께 범죄하여 하나님을 떠나 사탄의 노예가 된 이래로 온 세상, 곳곳에 나타나고 있습니다. 사탄은 인생들을 장악해서 그들을 지배하여, 때로는 자살을 충동하고, 때로는 살인이나 대형 사고를 일으키도록 배후에서 역사합니다. 인간은 사탄에게 잡히면 빠져나올 힘이 없는 존재입니다.

하나님은 하나님의 세상에 사탄의 역사를 제어하고 건전한 정신을 세우도록 가정, 법률, 국가체제, 문화·예술, 도덕적 가치라는 일반은총을 선물로 주셨습니다. 그러나 이런 일반은총의 수단만으로는 영적 세력을 물리칠 수 없기에, 하나님은 특별은총을 선물로 주셨습니다.

곧 하나님의 아들 예수 그리스도를 이 어둔 세상에 빛으로 보내신 것입니다. 예수님은 이 세상에 빛 되신 그리스도로 오셔서 죄와 사탄의 속박 속에 사는 인생들을 구원하시는 분입니다. 예수님은 그 자신으로 하나님을 보여주는 빛(선지자)이시요, 그 자신의 죽음으로 죄를 도말하시는 희생제사의 빛(제사장)이시며, 사탄을 정복하는 빛(왕)이 되시기 위해서 이 세상에 오셨습니다. 누구든지 예수님을 빛 되신 그리스도로 알고 믿어 마음중심에 모시면, 모든 영적인 문제는 사라지게 되어 있습니다.

이 소책자는 영적인 문제(우울증, 정신고통, 무기력증)를 가진 자들이 예수님을 빛 되신 그리스도로 믿어 즉시 치료 받도록 하기 위해 쓰였습니다. 또한 복음의 빛을 받는다는 의미를 참되게 알고 깨달아, 마음중심에 그리스도의 빛을 받아 자신도 세상의 빛이 되어 어둔 세상에 그리스도의 은혜를 비추어 증거 하는 증인, 곧 세상의 지도자로 살도록 하기 위해 쓰였습니다. 바라건대 이 목적들이 성취되어 하나님이 영광을 받으시며, 그리스도 교회가 든든히 서가기를 간절히 소원하는 바입니다.

저자 임덕규

목 차

저자 서문 / 6

1. 복음의 빛을 받는다는 것은 무엇을 말하는가? / 10

2. 복음의 빛을 받는 길: 하나님의 말씀이 최종 증거 / 25

3. 세상의 빛 그리스도(요 8:12, 34-36, 44) / 45

   1) 예수님의 진단: 세상은 어둠 / 45

   2) 어둠은 하나님께 대한 무지다 / 48

   3) 왜 세상은 영적세계에 대한 이해가 없는가 / 52

   4) 인간의 현주소: 사탄의 삼중적 유혹으로 삼중적 속박 속에 산다 / 61

   5) 삼중적인 치료자 그리스도. 세상의 빛 그리스도 / 62

   6) 예수님을 세상 빛으로 오신 선지자, 제사장, 왕 되신 그리스도로 영접하라 / 71

4. 복음 받은 신자도 세상의 빛 / 74

5. 세상의 빛인 그리스도인의 지위와 권세 / 77

"예수께서 또 말씀하여 이르시되 나는 세상의 빛이니 나를 따르는 자는 어둠에 다니지 아니하고 생명의 빛을 얻으리라"(요 8:12)

세상의 빛, 그리스도

1. 복음의 빛을 받는다는 것은 무엇을 말하는가?

　예수님은 그리스도시요 살아 계신 하나님의 아들입니다. 이 하나님의 아들의 복음으로 우리 인생의 모든 문제가 처리되고 해답을 얻습니다. 그래서 참되게 이 복음으로 깊이 뿌리내리기를 기원합니다.

　이 복음이 깊이 뿌리를 내릴 때 우리는 "예수님이 하나님의 아들 그리스도"라는 진리의 말씀에 대한 참된 인식을 갖게 됩니다. 이것을 복음의 빛을 받았다고 다른 표현으로 말할 수가 있습니다. 예수님이 하나님의 아들 그리스도라는 진리의 말씀의 빛을 마음속에 받은 자, 곧 예수 그리스도의 복음진리 말씀에 대한 참된 인식을 마음 중심에 깨달은 자는 하나님을 환하게 알게 됩니다.

　쉬운 예화를 한 번 들어 보겠습니다. 제가 30여 년 전에 예수님을 믿겠다고 열심을 냈습니다. 그런데 "예수님이 하나님의 아들이다"는 그 말씀이 참되게 잘 믿어지지 않았습니다. 그렇지만 저는 그때 병들어서 죽게 생겼기 때문에 이 믿음을 의지하지 않으면 다른 길은 특별히 없어서 열심히 알고자 하여 부흥회도 참석하고, 각종의 기도들도 다 드렸는데 의문이 있었습니다. "아니! 인간 예수가 하나님의 아들이라는데!" 이것이 잘 믿어지지 않았습니다. 그러나 다른 사람에게 말은 못하고 속으로만 그런 생각을 가졌습니다. 그렇게 몇 년을 보냈습니다.

어느 날인가 "예수님이 하나님의 아들이라"는 말씀이 참되게 믿겨졌습니다. 진짜로 믿겨졌어요. 이런 이후로 내 인생이 바뀌졌습니다. 전혀 다른 인생이 되었습니다. 사실은 그리스도께서, 우리 주님이 이 진리의 말씀을 가지고 저를 찾아온 것입니다. "내가 그리스도다, 내가 하나님의 아들이다"라고 말씀하신 것과 같은 것입니다.

그러므로 하나님과 그리스도는 그 말씀과 함께 임하십니다. 하나님의 말씀은 자신에게서 분리되어 있지 않고 그리스도와 성령에게서도 분리되지 않습니다. 하나님의 말씀은 하나님을 떠나 독립되어 있는 것이 아닙니다.

임덕규가 지금 이야기하고 있습니다. 나 자신과 말이 지금 분리되어 있습니까? 말하는 자가 나입니다. 경우에 따라서는 녹음을 해서 들으면 나와 나의 말은 같이 있지 않고 떨어져 있습니다. 녹음되어 있기 때문입니다. 그러나 하나님은 전지전능하시기 때문에 어디든지 계십니다. "어디에?" 말씀과 함께 계십니다. 지금 제가 전하는 이 말씀과 함께 주님이 여러분에게 나타나고 있습니다. "이것을 믿어라! 모든 하나님 말씀의 요약이며 중심이 그리스도의 복음이다. 이것을 믿어라!" 그런 것입니다.

성경 전체가 성령으로 감동되어서 영감된 말씀이고 계속해서 성령으로 말미암아 이 하나님의 말씀은 보존되며 능력 있게 전해지는 것입니다. 하나님은 자기 자신을 우리에게 보여주시는 대신 그의 말씀을 우리에게 주십니다. 하나님은 영이시기 때문에 안 보입니다. 그의 말씀으로 자기 자신을 우리에게 드러내십니다. 그러므로 어느 한 자연인이 하나님의 말씀에 대한 참된 인식이 생길 때에 그는 하나님을 알고 하나님을 만나게 되는 것입니다.

● 성경은 이 사실을 명백히 가르치고 있다.

"예수께서 대답하여 이르시되 바요나 시몬아 네가 복이 있도다 이를 네게 알게 한 이는 혈육이 아니요 하늘에 계신 내 아버지시니라"(마 16:17).
(베드로는 복음진리에 대한 특별한 이해를 선물로 받았다.)

성경은 이 사실을 명백하게 가르치고 있습니다. 마태복음 16장을 보면 예수님은 공생애 사역을 거의 마쳤습니다. 곧 예수님이 그리스도라는 그리스도 증거사역을 다 마쳤을 때입니다. 그때에 예수님은 제자들에게 "사람들이 인자를 누구라 하느냐?" 물으셨습니다. 제자들이 "더러는 세례 요한, 더러는 엘리야, 어떤 이는 예레미야나 선지자 중의 하나라 하나이다"라고 대답했습니다. 그러면 "너희는 나를 누구라 하느냐?" 주님이 제자들에게 다시 반복하여 물었습니다.

그때에 베드로가 "주는 그리스도시요 살아 계신 하나님의 아들이시니이다"라고 대답했습니다. 이 고백을 듣고 우리 주님이 너무나 놀랍고 기뻐해서 "바요나 시몬아 네가 복이 있도다 이를 네게 알게 한 이는 혈육이 아니요 하늘에 계신 내 아버지시니라" 그렇게 주님이 말씀을 했습니다.

예수님이 이렇게 말씀하신 것은 베드로가 예수님을 하나님의 아들 그리스도로 믿는 것은 '네가 스스로 믿는 것이 아니라 하나님이 믿게 하셨다. 하나님의 은혜로 된 것이다. 너는 다른 사람들은 모르는 그 말씀을 특별한 은혜로 이해하게 되었다. 평상시에 내가 하나님의 아들이다. 내가 그리스도라는 것을 들었는데, 지금은 하나님이 직접 알게 하셔서 이제는 새롭게 깊은 이해를 가지게 되었다'는 의미입니다.

이것은 시몬 베드로만이 누렸던 더 없는 축복의 이해였습니다. 복음 진리에 대한 이해였습니다. 어떻게 그런 이해를 가질 수 있었습니까? 성령께서 그 말씀을 그렇게 믿게 해주시는 것입니다. 그것을 신학적으로는 '성령께서 조명해준다'고 말합니다(칼빈,『기독교강요』 Ⅲ, ⅱ, 33).[1] 성령께서 빛을 비춰줬다는 말입니다. 그래서 이전

---

1) "우리의 마음이 어둡고 사악하지 않았다면 하나님의 말씀의 이 외부적인 증

에는 "예수가 하나님의 아들이다"는 말씀을 제대로 못 믿었는데 성령께서 조명해 주시니까 참된 인식을 갖게 되는 것입니다.

● **영적인 빛은 하나님의 말씀에 계시되어 있는 것들의 신적 탁월성에 대한 참된 인식과 그 때문에 일어나는 그것들의 진실성과 실재성에 대한 확신이다.**

그래서 이 영적인 빛을 신학적인 용어로 설명을 해보면, '하나님의 말씀에 계시되어 있는 것들의 신적 탁월성에 대한 참된 인식과 그 때문에 일어난 것에 대한 진실성과 실체성에 대한 확신'입니다. 다시 말하면 하나님의 말씀의 내용에 대한 참된 인식을 갖게 되는 것입니다. 진짜 알게 된다는 말입니다. "과연 그럴까?" 생각하는 것이 아니라 진짜 역사적인 사실로 인식됩니다.

명만으로도 우리의 믿음을 불러일으키는 데 충분하였을 것이다. 그러나 우리의 마음은 헛된 것에 기울어져 있어서 하나님의 진리에 결코 이를 수 없으며, 우둔하여 항상 하나님의 진리의 빛을 보지 못한다. 따라서 성령의 조명(the illumination of the Spirit)이 없으면 하나님의 말씀은 아무것도 할 수가 없다. 이것으로 보아서 분명히 알 수 있는 것은 믿음이 인간의 이해력을 훨씬 초월한다는 것이다. 그리고 우리의 마음이 성령의 능력으로 강화되고 지원을 받지 않는다면 우리의 지성이 하나님의 영에 의하여 조명을 받는 것으로는 부족하다."

물론 다른 사람들도 예수님을 하나님의 아들로 압니다. 그러나 나의 경우, 나는 예수님이 하나님의 아들이라는 사실에 전혀 의심이 없습니다. 진짜 믿는다는 말입니다. 내가 기도하면 그분이 실제 영으로 내 앞에 계십니다. 예수님이 하나님의 아들이라는 진리의 말씀이 참되게 믿어지고 인식되는 것입니다. 사도 베드로가 바로 이런 인식을 가졌습니다. 그것은 특별한 은총이었습니다. 그래서 예수님이 "바요나 시몬아 네가 복이 있도다 이를 네게 알게 한 이는 혈육이 아니요 하늘에 계신 내 아버지시니라"고 말씀하셨습니다. 은총으로 되는 것입니다.

● 말씀 없이는 영적인 빛을 소유할 수 없다.

그런데 하나님의 말씀이 없이는 이러한 깨달음을 가질 수가 없습니다. 어떤 사람은 환상을 보고 그것으로 영적인 빛을 받았다고 생각하기도 하지만 그렇게 이루어지지 않습니다. 왜냐하면 하나님이 자기를 드러내시는 계시의 수단이 말씀이기 때문입니다. 형상이 아니라는 말입니다. 하나님은 형상을 가지신 분이 아니요, 영이십니다. 형상이 없습니다.

그렇다면 "어떻게 형상이 없는 분이 인간에게 자기 자신을 드러내실 수 있느냐?" 그것은 바로 "말씀하시는 하나님!", 곧 말씀을 안했으면 알 수가 없는데, 하나님은 말씀을 하시기 때문에 "아! 그분이 계시구나. 그런데 그분이 말씀과 함께 계시구나!" 이것을 깨닫게 됩니다. 그러므로 말씀이 없이는 영적인 빛을 소유할 수가 없습니다. 이 말씀에 대한 참된 깨달음이 오면, "아 그렇구나! 정말 예수님이 하나님의 아들이구나!" 이것을 딱 깨닫는 순간 여러분이 거듭나고 변화되는 것입니다. 그렇게 될 때 그분에게 순종합니다. 이러한 것은 내 마음대로 되는 것이 아니라 하나님의 은혜로 됩니다.

여러분은 하나님의 말씀을 일단 받아야 됩니다. 머릿속에 갖고 있어야 합니다. 갖고 있으면서 이 말씀대로 순종해서 살아가야 합니다. 말씀을 믿기 때문입니다. 그러면 어느 날엔가 참되게 믿어지게 됩니다. 그러므로 말씀의 빛이 없이는 하나님을 소유할 수가 없습니다. 영적인 빛을 가질 수 없습니다. 여러분들이 이것을 잘 알아야 됩니다.

● **성경의 계시는 하나님의 말씀을 이성에 전달해 준다. 그리고 성령의 직접적인 조명은 그것을 마음에 전달해 준다.**

성경의 계시가 하나님의 말씀을 우리의 이성에게 전달해 줍니다. 그래서 성경을 읽을 때 여러분들이 머릿속으로 '아 이렇구나!' 이렇게 압니다. 그러나 이 머릿속으로 아는 것이 참되게 그 말씀을 인식하는 것이 아닙니다. 이 말씀이 어느 날엔가 성령께서 조명해 주셔서 이 말씀이 머릿속에 있는 것이 내 가슴속에 내려올 때가 오는데 그때 전 인격적으로 그분을 알게 됩니다. 이것을 누가 하시는 것입니까? 하나님의 은혜로 됩니다. 다시 말하면 성령께서 조명해주신다는 말입니다(칼빈, 『기독교강요』 III, i, 36).[2]

---

[2] "하나님의 말씀을 믿음으로 받아들이려면, 그 말씀이 두뇌의 상층부에서 돌아다녀서는 안 되고 마음의 깊은 곳에 뿌리를 내려야 한다. 그렇게 될 때에 그것은 시험의 모든 전략을 막아낼 수 있는 난공불락의 방위선이 된다. 그러나 하나님의 영의 조명이 지성에 진정한 이해력을 준다면, 마음에 확신을 주는 것 또한 성

● 하나님은 우리에게 자기 모양을 보여주지 않는다. 하나님이 우리 인생을 찾으시는 방법은 언제나 말씀으로 하신다. **하나님의 말씀을 믿지 못하면 하나님과 접촉하지 못한다.**

타락한 인간의 이성은 하나님의 말씀을 무시합니다. 왜 그렇습니까? "예수가 하나님의 아들 그리스도"라는 진리의 말씀을 여러분이 의심 없이 믿고 순종하면 되는데, 세상 사람들은 이것을 잘 받아들이지 않습니다. 세상의 지식은 먼저 이해한 다음에 믿는 것이 원리입니다. 무조건 믿으라고 그러면 세상 사람들은 정신 나갔다고 합니다. 세상 사람들의 지식은 먼저 이해한 다음에 믿는 것이 원리입니다. 그렇지 않습니까? 이것은 인간의 이성이 기준이기 때문에 그렇습니다. 그래서 이성에 위배되거나 좀 이해가 안 되면 안 믿습니다. 믿지 못합니다. 이해하고 믿습니다. 이해하고 알게 됩니다.

그러나 하나님의 지식, 성경의 진리는 먼저 믿을 때에 하나님을 알게 됩니다. 믿고 그 다음에 이해해야 됩

령의 능력임은 더욱 분명하다."

니다. 세상의 원리와 반대입니다. 왜 그렇습니까? 그것은 하나님이 말씀으로 인간과 온 우주를 창조하셨기 때문에 그렇습니다. 그러므로 인간의 이성도 하나님의 말씀으로 창조를 했습니다. 그래서 말씀을 믿어야 이성이 따르게 됩니다. 인간의 이성도 하나님의 말씀으로 만들었다는 말입니다.

그러므로 인간의 이성은 하나님의 말씀에 순종을 해야 됩니다. 그래서 먼저 믿어야 합니다. 그래야 참된 진리를 발견할 수가 있습니다. 인간은 그 자신이 하나님의 말씀으로 창조된 자이기 때문에 그 말씀을 통해서만 하나님과 자연을 바로 이해할 수가 있게 되는 것입니다.[3]

● 신성종의 『내가 본 천국과 지옥』의 문제점.

이렇게 인간은 하나님의 말씀을 먼저 믿고 의지할 때에 하나님을 바르게 알 수가 있습니다. 어떤 사람들은

---

3) 헤르만 바빙크는 그의 교의학 1권 전체에서 신학(신앙)의 방법론을 다른 곳에서 빌려와 찾지 않고 "특별계시인 성경에 대한 믿음"으로 제시하면서 자신의 신학(신앙)의 원리로 삼았습니다.(당시의 다른 보수주의 신학자들이나 자유주의 신학자들 모두가 신학(신앙)의 방법론을 다른 곳에서 빌려와 적용하여 현대신학자들의 인식론의 기반을 제공한 점에서 비교가 됩니다.)

이렇게 하지 않고 형상을 보고자 하거나 뭘 보고 알겠다는 그런 사람들이 있습니다. 우리 교회에서 몇 번 전도 메시지로 실은 내용인데, 유명한 대교회 목회자이신 한 분이 『내가 본 천국과 지옥』이란 책을 썼습니다. 그런데 제가 보건대, 그분이 대교회 목회자이고 대신학자이면서도 "예수님이 하나님의 아들"이라는 것을 믿으면 천국에 가서 천국의 왕이신 그분을 만나는데, 이 영적 세계를 잘못 믿는 것입니다. 자기는 가르치면서도 자기 자신은 참되게 못 믿는 것입니다.

좀 더 자세하게 말해보면, 이분의 장모님이 자기 사위가 대목회자이고, 또 유명한 총신대학교에서 대학원장까지 하신 유명한 분이니까 "여보게 천국은 정말 있는가? 내가 천국 갈 때가 가까웠는데!" 이렇게 진지하게 물었습니다. 일반 신자였다면 "당연히 있지요" 이렇게 말했을텐데, 자기 장모가 진짜 있냐고 심각하게 물으니까 대답을 못했습니다.

그리하여 자신을 돌아보니까 사실 좀 문제가 있어서 기도하기 시작한 것입니다. "하나님 제게 천국을 보여

주세요"하고 기도했습니다. 그런데 어느 날 환상을 봤습니다. 지옥이 실재하고 천국이 있다는 것을 알게 되었습니다. 그 환상이 일주일 동안 진행됐는데, 자기가 본 이것을 쓴 책이 바로 『내가 본 천국과 지옥』이라는 책입니다. 몇 십쇄가 인쇄돼서 팔렸는데, 제가 보기에는 긍정적인 면도 있지만, 부정적인 면도 있습니다. 부정적인 관점에서 오늘 본문에 비추어 본다고 하면, 그렇게 믿어서는 하나님을 만날 수가 없습니다. 천국이 아니라 지옥을 백번 왔다갔다해도 그것은 하나님을 만나고 아는 길이 아닙니다. 그러한 것은 하나님을 알게 하고, 복음을 알게 하는 접촉점에 불과합니다.

"아! 그러니까 진짜 믿어야 되겠구나!" 이렇게 먼저 믿고 그 말씀 속에 계신 그분을 참되게 만나야지, "아! 어느 날엔가 기도하다 보니까 이런 분이 나타나셔서 내가 예수다!" 이렇게 해서 믿는다는 말입니다. 그럼 예수님을 정말 만났습니까? 천만의 말씀! 이천 년 전에 팔레스타인 지방을 돌아다니셨던 그 예수님과 같다는 것을 어떻게 알 수 있습니까? 모릅니다.

제자들만 알 수 있습니다. 제자들은 옛날에 우리 주님과 같이 3년 동안 같이 생활했기 때문에 다시 살아나신 이분을 보니까, 옛날 같이 다녔던 분이기 때문에 "아! 이분이 예수님"이라는 것을 알아봤지만, 우리 같은 사람은 알 수가 없습니다. 옛날에 만난 적이 없기 때문입니다. 그러니까 무슨 환상을 보고 믿었다는 것은 아무 소용없습니다. 그래서 그 목사님이 참되게 복음의 빛을 받으려면 '진짜 하나님의 말씀이 사실인가?' 하는 관점에서 성경을 읽을 때 구구절절이 '아! 옛날에는 예수님이 하나님의 아들이라고 할 때 멀리 있었는데 참되게 믿어진다!' 이렇게 되어야 합니다. 그래야 구원 얻는 사람이 되는 것입니다.

여러분들! 이러한 믿음을 갖는 것은 간단합니다. 제가 선포하는 "예수님이 여러분의 인생의 문제를 해결하신 그리스도다. 예수님은 죄와 죽음, 지옥과 사탄의 권세를 십자가에서 대속의 죽음으로 정복하여 하나님을 만나게 하는 길이 되신 그리스도다." 이 말씀을 듣고, 예수님을 이렇게 믿을 때 하나님을 만나게 됩니다. 왜냐하면 예수님이 곧 성자 하나님으로 삼위 하나님의 동일한 본질을 소유하셨으며, 성부 하나님은 그분 안에서 자신을 드러내셨기 때문입니다. 그래서 예수님을 아는 것이 하나님을 아는 것입니다.

2. 복음의 빛을 받는 길: 하나님의 말씀이 최종 증거

 이렇게 참되게 여러분이 말씀의 빛을 받아야 되는 것입니다. 타락한 인간들, 하나님께 반역해 하나님은 없다고 떨어져 나가버린 인간들에게 있는 이성까지도 하나님이 만들었는데, 그 이성이 말씀의 순종에 들어가야 비로소 바른 이성이 됩니다. 바른 이성으로 성경을 보니 구구절절이 하나님의 말씀으로 믿어지는 것입니다. 이것은 부패된 이성으로는 불가능합니다.

 말씀에 순종해서 거듭난 이성이 되어서 정확히 볼 때 모든 것이 깨달아지고 믿어지게 됩니다. 세상 사람들은 부패된 이성을 지니고 있습니다. 여러분이 하나님의 말씀에 순종해서 예수님을 믿고 보면 그 다음부터는 변화된 이성, 새로운 이성, 거듭난 이성, 진짜 바른 이성을 갖게 됩니다. 이것을 가지고 세상을 보고 바르게 판단하는 것입니다.

 그러나 세상 사람들은 그들의 이성이 하나님을 무시

하고, 하나님 말씀으로 창조한 자연과 세상을 보기 때문에 언제든지 잘못 보는 것입니다. 그래서 세상은 진화되었다든지 우연히 생겼다든지 이렇게 타락한 이성을 가지고 판단합니다. 그것은 마치 붉은 안경으로 세상을 보면 전부 붉게 보이고, 푸른 안경으로 보면 전부 푸르게 보이는 것과 같습니다. 그것을 벗고 봐야 제대로 보게 됩니다.

● "현상과 실제는 반드시 병행하지 않는다"
(하나님의 말씀에서 최종의 증거를 취해야 한다).

제가 구체적인 예를 하나 더 들어보겠습니다. 철학자 칸트라는 사람이 이런 유명한 철학의 논제를 세웠습니다. "현상과 실제는 반드시 병행하지 않는다"고 말했습니다. 칸트는 복음을 참되게 믿는 자가 아닌 것 같아 보입니다. 그때 당시에는 복음을 안 믿는 사람들은 이방인 취급받았기 때문에 믿기는 믿은 것 같은데 제가 보건대 예수님을 하나님의 아들로 참되게 믿은 것 같지는 않습니다. 그러나 그의 말은 복음을 변증하는 데 좋은 도구가 될 수가 있어서 제가 인용을 합니다.

"현상과 실제는 반드시 병행하지 않는다." 무슨 말입니까? 예를 들면, 어떤 빨간 꽃을 내다놓으면 그것이 빨간 꽃이라고 해서 이 꽃을 붉다고 하겠지만, 밤중에 캄캄함 속에서 빨간 꽃을 보면 붉은 색인지 푸른 색인지 알 수가 없습니다. 그렇지 않습니까? 이와 같이 어떤 일정한 조건에 따라서 이렇게도 보이기도 하고 저렇게도 보이는 것입니다. 따라서 논리적으로 생각할 때 붉다는 것은 우리의 감각에 빛이 비추어서 우리가 붉다고 판단한 까닭에 그렇게 말합니다. 그러나 우리 감각에 빛이 안비취면 그것이 붉다고 말할 수 없게 됩니다.

이렇게 빛이 비춰니까 무슨 색인지 판단할 수 있기 때문에 이 빛이 가버리면 이게 빨간 것인지 검은 것인지 알 수가 없습니다. 여러분의 감각 속에 빛이 비취기 때문에 그 빛에 의지해서 판단하게 되는 것입니다. 그러니까 현상에서 상황은 여러 가지 조건하에서 비로소 성립합니다. 지금 비취는 이 형광등도 불완전하기 때문에 정확하게 사물을 판단하려면 햇빛에 비추어 봐야 더 정확하게 압니다.

　현상의 세계라는 것은 여러 가지 조건에 따라서 비로소 성립하는 것입니다. 그런데 이러한 현상을 무시하고 영원하신 하나님의 말씀, 곧 하나님이 계시해주고 그 말씀으로 창조된 자들이 그 말씀보다 더 중요하게 자신의 이성을 존중한다는 것은 어리석은 것입니다. 참 진리를 믿는 신앙을 일으키는 도리는 그러한 물질적인 사실에서 최종의 증거를 취해서는 안 되고 하나님의 말씀에서 최종의 증거를 취해야 한다는 것입니다.

● **하나님의 모든 말씀의 함축이요 중심인 그리스도의 복음이 참된 지식**

　무엇보다 더 하나님의 모든 말씀의 함축이요 중심인 그리스도를 믿을 때 하나님을 알고 만나고 자신과 세상과 창조 세계에 대한 참된 지식을 갖게 됩니다.

　"예수님은 참 빛이시요 하나님을 알게 하는 유일한

빛이다" 이 진리를 믿을 때 예수님만이 참 빛이요 다른 빛이 없다는 것을 깨닫게 됩니다. 그래서 예수님은 우리로 하여금 사물을 있는 그대로 보게 하는 빛입니다. 사물의 진정한 모습, 이 세상의 진정한 모습은 예수님의 빛, 그리스도의 빛을 볼 때 드러납니다.

다시 말하면 세상의 진정한 모습은 그리스도의 말씀에 비춰볼 때 바르게 이해됩니다. 왜 그렇습니까? 그 이유는 예수님이 바로 세상의 모든 것을 창조하신 말씀이기 때문입니다. 예수님이 이 땅에 오시기 전에는 말씀으로 계셨는데, 그분이 말씀으로 세상을 창조했습니다. 그러므로 창조하신 분의 계시를 통해서 세상의 본질을 볼 때 있는 그대로를 보게 되는 것입니다. 그분이 말씀으로 창조했으니까 그 말씀의 계시를 통해서 봐야 그 본모습을 알 수가 있습니다.

세상에 있는 모든 사람은 그들이 믿든, 안 믿든 하나님의 창조적인 말씀에 의존해서 살아가고 있습니다. 그리스도의 빛 아래서 살아가고 있습니다. 불신자인 한

개인이 하나님의 계시, 예수가 하나님의 아들이라는 계시의 말씀을 참되게 믿게 되면, 그래서 그리스도께로 돌아오게 되면, 그 개인은 누구를 만나게 됩니까? "아! 이 예수님이 창세 전에 나를 예정하시고 나를 만드신 분이구나!" 이러한 깨달음 가운데 예수님을 말씀 가운데 인격적으로 만나게 됩니다. 그래서 대단히 예수님이 친근하게 생각이 됩니다.

여러분! 예수님이 멀리 있는 분이 아니라 대단히 친근한 분이라는 말입니다. 왜 그렇습니까? 그것은 예수님이 나를 만드신 분이라는 것을 내가 알기 때문에 그렇습니다. 그리고 창조 전에 나를 선택하시고 나를 부르신 분이 바로 나를 사랑하신 그분이라는 것을 정확하게 깨닫게 되는 것입니다.

그러므로 여러분은 먼저 강단에서 선포하는 하나님의 말씀을 믿어야 됩니다. 이해하고 믿으려고 하지 말고 믿은 다음에 이해해야 됩니다. 내가 말씀으로 지어진 존재니까 먼저 말씀을 믿어야 하는 것입니다. 그렇지 않으면 말씀을 이해할 수 없습니다.

그러므로 여러분들이 예수님이 하나님의 아들 그리스도라는 진리의 말씀을 믿고, 그런 다음에 믿는다면 그 말씀대로 순종해야 됩니다. 순종해서 나가면 어느 날 바로 깨닫게 됩니다. 하나님은 인간이 말씀에 순종하도록 살게 했는데, 그 말씀에 순종하지 않고 지키지 않는 것, 그것이 죄입니다.

이렇게 내가 좀 이해가 안 되더라도 하나님의 말씀이 '그렇구나! 주님이 이렇게 하라고 하시면 믿고 순종해야지!' 그러면 하나님을 만나게 됩니다. 말씀을 믿고 지킬 때 하나님을 만납니다. 그렇지 않고 돌아다니면서 무슨 환상 가운데 하나님을 만났다는 것은 대부분 가짜입니다. 잘못하면 귀신에 붙잡히게 됩니다. 반복하지만 하나님의 말씀을 듣고 지켜야 합니다. 이것이 하나님 만나는 길입니다. 어렵지 않습니다. 이렇게 순종하지 않는 것은 여러분이 교만해서 그렇습니다. "뭘 지켜요 내 주먹이나 믿고 지키죠!"라고 말하니 말씀을 깨닫지 못하는 것입니다.

말씀을 이해하고 난 뒤에 믿으려 하지 말고 먼저 믿고 그 말씀으로 순종하고 따라야 합니다. "주일 성수하라" 그러면 주일성수해야 됩니다. "십일조 하라" 그러면 십일조 해야 합니다. "어디 가지 말고 기도하라" 그러면 기도해야 합니다. 그러면 말씀이 깨달아지는데 그렇게 하지 않는다는 말입니다. 대신 자기 꾀로 살려고 합니다. 그런 삶을 살면 안 됩니다. 인간의 타락은 하나님의 말씀을 믿지 않고 순종하지 않는 불신앙 때문에 일어났습니다.

● **창세기 3장의 인간 타락 사건**
(창 3:1-6, 말씀에 대한 불신앙이 죄의 뿌리다)

여러분이 항상 들어온 바대로 하와가 하나님의 말씀을 어겼을 때에 그 배후에는 무엇이 있었습니까? 하나님을 믿지 않는 불신앙이 있었습니다. 다시 말해 하와가 하나님의 말씀을 믿지 않았다는 말입니다. 이 불신앙이 죄의 뿌리인 것입니다. 아담과 하와가 선악을 알게 하는 나무 실과를 따먹는 행위 이전에 무엇이 그들에게 이러한 죄를 범하게 했습니까? 그것은 그들에게 하나님의 말씀에 대한 불신앙이 먼저 있었기 때문입니다. 대단히 중요한 얘기입니다.

창세기 3장 사건은 너무 중요하기 때문에 여러 번 계속 들어볼 필요가 있습니다. 창세기 3장은 인간이 어떻게 해서 하나님의 말씀을 어기고 타락했느냐를 분명하고 자세하게 말해주고 있습니다. 하나님은 인간을 만들어 놓은 다음에 "선악을 알게 하는 나무의 실과는 먹지 말라 먹으면 반드시 죽으리라" 이 율법을 가지고 인간과 교제하였습니다. 인간은 이것을 지키기만 하면 됩니다. 그 나무 열매를 먹지 않고 살아가면 됩니다. 이것은 하나님의 명령입니다.

그런데 어느 날 하와에게 뱀 속에 들어있는 사탄이 찾아왔습니다. 그러고 이렇게 질문했습니다. "하나님이 참으로 너희에게 동산 모든 나무의 열매를 먹지 말라 하시더냐" 은근히 이렇게 유혹을 했습니다. 하나님은 모든 나무 실과를 먹지 말라 한 것이 아니라 선악을 알게 하는 나무의 실과만 먹지 말라고 했는데 "네 하나님이 골치 아픈 존재지. 모든 것 먹지 말라고 했지" 이렇게 하나님 말씀을 왜곡해서 물으면서 접근했습니다.

이러한 접근에 "사탄아 물러가라" 하면서 쫓아내야 하는데, 그 얘기에 같이 끼어서 하와가 뱀과 친한 데서, 사탄과 친하고 세상과 친한 데서 유혹이 들어오기 시작했습니다.

하와가 어떻게 뱀에게 대답을 하느냐 하면, "동산 나무의 열매를 우리가 먹을 수 있으나 동산 중앙에 있는 나무의 열매는 하나님의 말씀에 너희는 먹지도 말고 만지지도 말라 너희가 죽을까 하노라 하셨느니라" 이렇게 얘기합니다. 하나님은 "반드시 죽는다" 하셨는데 "죽을까 하노라" 죽을지도 모르겠다고 대답했습니다. 이 말은 하나님의 절대적인 명령을 상대적인 명령으로 바꾼 것입니다. 이것은 단순한 이야기 같지만, 대단히 중요합니다. 하와가 하나님의 말씀을 백퍼센트 믿는 데서 불신으로 흘러가는 중요한 순간입니다. 하나님 말씀보다는 사탄의 얘기하는 소리가 더 그럴 듯하게

2. 복음의 빛을 받는 길: 하나님의 말씀이 최종 증거

들린 것입니다.

이런 시험은 오늘날의 모든 믿는 사람에게 동일한 시험으로 찾아옵니다. 여러분이 세상 속에서 하나님의 말씀, 그리스도의 말씀을 듣고 살 것이냐. 세상 소리를 듣고 살 것이냐. 오늘도 여러분들은 결정해야 됩니다. 날마다 이것을 결정하며 살아갑니다.

이러한 결정 앞에서 "야 뭐 그렇게 하냐. 재미없는데!" 그렇게 세상 사람들은 생각하고 말합니다. "아! 시간이 없는데 말이지 그렇지 않아도 바쁘고 할 일도 많은데 그렇게 할 필요 있느냐" 이것은 세상 소리입니다. 이와 같이 먼저 사탄은 그 말씀과 믿음을 공격합니다. 그리하여 하와는 그 자신의 마음속에서 실과를 따먹고 싶은 욕망이 일어나기 전에 하나님의 절대적인 말씀을 잃어버렸습니다. 말씀에 대한 불신앙입니다. 사탄은 그 사실을 정확히 알았습니다. "죽을까 하노라" 그렇게 하와가 대답하니까 "네가 나한테 걸렸구나!" 판단했습니다.

그래서 이제 사탄이 본격적으로 두 가지 큰 거짓말을 합니다. "너희가 결코 죽지 아니하리라", 또 하나는 "너희가 그것을 먹는 날에는 너희 눈이 밝아져 하나님과 같이 되어 선악을 알 줄 하나님이 아심이니라." 사탄은 "결코 죽지 아니하리라" 그리고 "하나님과 같이 된다"고 말했습니다.

오늘날도 이런 사탄의 거짓말에 세상 사람들이 속으면서 살고 있습니다. 내일이나 모레 죽어 지옥에 가는데 그건 나중이고 지금 세상에서 영원히 살 것처럼 생각합니다. 영생도 없으면서! 영원히 살 것처럼 생각합니다. 다 그렇게 삽니다. 여러분들은 그렇게 안 삽니까? 여러분들은 태어나면서부터 죽어가고 있어요. 그것을 압니까? 그런데 그것을 절대 생각하지 않습니다. 영원히 살 것처럼 생각합니다. 사탄에게 속은 것입니다. "하나님과 같이 된다" 다 자기가 하나님 노릇을 하고 있습니다. 그렇지 않습니까? "하나님이 어디 있어. 내가 하나님이지, 내 마음대로 살지" 그런다는 말입니다.

하와가 과거에는 선악을 알게 하는 나무의 실과를 볼

때에 저걸 먹으면 하나님이 "죽는다"고 말씀했기 때문에 절대 안 먹었고 먹고 싶은 생각이 전혀 없었습니다. 그런데 사탄의 말을 딱 듣고 하나님의 말씀을 불신하면서 하나님의 말씀 대신에 사탄의 말을 듣고 보니까 이제 보는 눈이 달라져 버렸습니다.

창세기 3:6 "여자가 그 나무를 본즉 먹음직도 하고 보암직도 하고 지혜롭게 할 만큼 탐스럽기도 한 나무인지라" 왜 이런 생각이 생겼습니까? 말씀을 잃어버리고 말씀에 대한 불신앙이 먼저 생겼기 때문입니다. 이러한 불신앙 가운데 사탄의 말을, 사탄이 제안한 것을 통해서 딱 보니까 먹고 싶게 되었다는 말입니다. 하나님의 말씀을 정확하게 가지고 있었으면 이런 관점을 갖지 않았을 것입니다.

그러니까 이전에 하와가 하나님의 말씀을 소유했을 때는 그 정신 속에 찬란한 태양 빛이 있었는데, 그것을 잃어버리니까 어둠이 찾아오고 무지 속에 떨어져 버린 것입니다. 이것을 우리는 선악과 몇 개 먹은 것으로, 작은 행위같이 생각할지 모릅니다만, 대단히 중요한 사건인 것입니다. 우리는 행위만 보는데, 행위의 원인인 죄를 봐야 됩니다. 반드시 여러분이 이 사실을 알아야 됩니다.

하나님의 말씀에 대한 불신앙, 이것이 궁극적으로 죄를 가져오게 하는 원인이 되었던 것입니다. 선악을 알게 하는 나무의 열매를 먹기 전에 먼저 불신앙이 있었다는 말입니다. 그런데 이러한 불신앙의 죄는 정복하기가 대단히 어렵습니다. 이 불신앙의 배후에 사탄의 세력이 있기 때문입니다. 이 배후에 인격적인 세력이 있다는 말입니다.

그래서 죄에 대해서 성경은 어떻게 말합니까? "죄가 세상에 들어왔다"(롬 5:12).[4] 그렇게 의인화된 표현으로 말합니다. 의인법적으로 죄가 세상에 쑥 들어왔다는 말입니다. 이 말은 어떤 의미를 가지고 있습니까? 그것은 죄의 배후에 인격적인 세력이 있고 이 세력이 우리를 장악했다는 말입니다. 그걸 못 이깁니다. 우리 스스로의 힘

---

4) (롬 5:12, 개정) 그러므로 한 사람으로 말미암아 죄가 세상에 들어오고 죄로 말미암아 사망이 들어왔나니 이와 같이 모든 사람이 죄를 지었으므로 사망이 모든 사람에게 이르렀느니라.

으로 이것을 이기지 못합니다.

예를 들면, 여러분의 정욕, 이것을 스스로의 힘으로 절대 이기지 못합니다. 천하 없는 영웅도 전부 정욕대로 삽니다. "아니, 나는 거룩하게 사는데!" 누가 참되게 거룩하게 일고 있다고 말할 수 있습니까? 환경만 주어지면 다 간음하고 다 세상의 풍습을 좇아 적당히 자기 유익을 구합니다. 이러한 성향이 근본적으로 여러분 안에 들어 있습니다.

그렇기에 이 죄를 정복하려면 위대한 하나님의 능력자이신 하나님의 아들이 오셔서 이 문제를 해결해야 되고, 그것도 하나님의 아들이 오시는 것만으로 해결하는 것이 아니라 이 아들의 죽음을 통해서 이 세력을 정복해야 합니다. 여러분! 세상에서 가장 강력한 힘이 하나님의 아들이신 그리스도의 죽음입니다.

세상에서도 죽기 살기로 달려드는 사람한테는 아무도 이기지 못합니다. 천하 없는 거인이라도 할지라도 죽기 살기로 달려드는 사람은 피할 수밖에 없습니다.

아무리 상대가 골리앗 같은 거인이고 나는 어린 아이와 같은 연약한 자라 할지라도 죽기 살기로 달려들면, "야! 야! 내가 졌다" 하면서 도망갑니다. 그리스도의 죽음의 세력으로만 인생의 문제를 해결할 수 있을 만큼 죄는 매우 심각하게 악하고 강력한 것입니다.

● 그리스도가 오시기 전의 하나님을 아는 빛
(큰 빛의 전조와 예고였다, 갈 4:1-3;[5] 왕상 8:10-13;[6] 대하 5:13-14, 6:1[7])

그래서 하나님은 인간들의 죄를 정복하기 위해서 이

---

[5] (갈 4:1-3, 개정) 1 내가 또 말하노니 유업을 이을 자가 모든 것의 주인이나 어렸을 동안에는 종과 다름이 없어서 2 그 아버지가 정한 때까지 후견인과 청지기 아래에 있나니 3 이와 같이 우리도 어렸을 때에 이 세상의 초등학문 아래에 있어서 종 노릇 하였더니

[6] (왕상 8:10-13, 개정) 10 제사장이 성소에서 나올 때에 구름이 여호와의 성전에 가득하매 11 제사장이 그 구름으로 말미암아 능히 서서 섬기지 못하였으니 이는 여호와의 영광이 여호와의 성전에 가득함이었더라 12 그 때에 솔로몬이 이르되 여호와께서 캄캄한 데 계시겠다 말씀하셨사오나 13 내가 참으로 주를 위하여 계실 성전을 건축하였사오니 주께서 영원히 계실 처소로소이다 하고

[7] (대하 5:13-14, 개정) 13 나팔 부는 자와 노래하는 자들이 일제히 소리를 내어 여호와를 찬송하며 감사하는데 나팔 불고 제금 치고 모든 악기를 울리며 소리를 높여 여호와를 찬송하여 이르되 선하시도다 그의 자비하심이 영원히 있도다 하매 그 때에 여호와의 전에 구름이 가득한지라 14 제사장들이 그 구름으로 말미암아 능히 서서 섬기지 못하였으니 이는 여호와의 영광이 하나님의 전에 가득함이었더라
(대하 6:1, 개정) 그 때에 솔로몬이 이르되 여호와께서 캄캄한 데 계시겠다 말씀하셨사오나

제 그 아들을 이 세상의 어둠 속에 있는 무리들에게 복음의 빛으로 보내신 것입니다(요 1:4-5).[8] 그런데 하나님이 먼저 이 참 빛, 그리스도의 빛을 직접 비추시기 전에 참 빛의 전조인 하나님의 말씀의 빛을 구약의 백성에게도 주셨습니다. 갑자기 참 빛이 오면 세상 사람들이 감당할 수 없을 것 같기 때문에 그 빛의 모형을 가지고 교회의 유년기 시대인 구약 백성을 구원했습니다.

이와 같이 먼저 하나님은 그 아들을 보내시기 전에 구약의 백성에게도 하나님을 아는 빛을 희미하게나마 주셨던 것입니다. 그 빛은 하나님의 아들에 의한 빛의 예고요, 또한 전조였습니다. 그래서 구약 백성도 어느 정도 복음의 빛을 알고 있었습니다.

그러나 그 모든 계시는 장차 세상의 빛으로 오시는 그리스도께서 가지고 오실 큰 빛의 전조와 예고에 불과했기 때문에, 말하자면 구약시대의 그 기간 동안은 밤과 같은 시기였다고 볼 수 있습니다. 밤은 어둡습니다. 그

---

8) (요 1:4-5, 개정) 4 그 안에 생명이 있었으니 이 생명은 사람들의 빛이라 5 빛이 어둠에 비치되 어둠이 깨닫지 못하더라

기간 동안에 전혀 빛이 없는 깜깜한 상태는 아니지만, 달빛과 별빛과 같은 빛이 있었다는 말입니다. 그러니까 구약 백성도 하나님은 알기는 알았는데, 확실히 알지는 못하고 희미하게 알았습니다. 별빛이나 달빛처럼 보고 있었다는 말입니다.

이러한 빛들은 태양빛에 비하면 얼마나 희미합니까? 그런데 의의 태양빛, 찬란한 태양빛이 신약시대에 나타났습니다. 별빛과 태양빛은 비교가 안 되지요. 그러므로 구약시대의 구원은 아주 별빛처럼 작은 구원이지만 구원은 구원입니다. 그러나 신약시대에는 찬란한 태양빛이 왔습니다. 하나님을 아는 지식이 구약시대에는 아주 적었습니다. 모형으로 설명했기 때문입니다.

예를 들면, 아이들에게 호랑이를 설명하려면 먼저 그림을 가지고 설명합니다. 그림을 보여주면서 이것이 무엇이냐고 물어보며 아이들이 "호랑이"라고 대답합니다. 그러나 그것이 호랑이를 제대로 아는 것입니까? 동물원에 가서 진짜 호랑이를 봐야 알게 됩니다. 구약시대에는 모형으로 알다가 신약시대에는 그 하나님을 알고 있는 지식을 가지고 있는 분이 오셨습니다. 그분이 누구입니까? 바로 예수님입니다.

이러한 구약시대를 설명한 열왕기상 8장 이하를 보면, 제사장이 성소에서 나올 때 구름이 여호와의 성전에 가득찼다고 말합니다. 구약 백성이 하나님을 만나기 위해 성전에 들어가서 거기서 하나님을 섬기려고 하는데 구름이 가득차서 섬길 수가 없어서 나왔습니다(왕상 8:10-11)[9].

그러니까 하나님의 임재가 구름으로 나타난 것입니다. 구름이란 것은 무엇입니까? 이것은 신약시대에 이 태양빛과 같은 예수 그리스도의 복음의 빛에 비하면 어두운 것이고 캄캄한 것입니다. 그래서 솔로몬은 이런 기도를 했습니다. "여호와께서 캄캄한 데 계시겠다 말씀하셨사오나"(12절) 구약시대에는 하나님이 캄캄한 데

---

[9] (왕상 8:10-11, 개정) 10 제사장이 성소에서 나올 때에 구름이 여호와의 성전에 가득하매 11 제사장이 그 구름으로 말미암아 능히 서서 섬기지 못하였으니 이는 여호와의 영광이 여호와의 성전에 가득함이었더라

계셨다는 말입니다. 다시 말하면 하나님을 아는 지식이 일천했다는 말입니다.

3. 세상의 빛 그리스도(요 8:12,[10] 34-36,[11] 44[12])

1) 예수님의 진단: 세상은 어둠

그런데 신약시대에는 하나님을 아는 지식이 환하게 아는 것으로 성장한 것입니다. 여러분들은 지금 하나님을 아는 지식을 환하게 알고 있는 시대에 살고 있는 축복의 사람들입니다. 그래서 구약시대에 빛으로 오시되, 이렇게 희미하게 비추던 그 빛이 때가 차매(갈 4:4)[13] 빛의 전조가 아니라 참 빛으로 이 세상에 오셔서 각 사람에게 비추게 되었습니다. 그 빛은 태초에 하나님과 함께 계

---

10) (요 8:12, 개정) 예수께서 또 말씀하여 이르시되 나는 세상의 빛이니 나를 따르는 자는 어둠에 다니지 아니하고 생명의 빛을 얻으리라
11) (요 8:34-36, 개정) 34 예수께서 대답하시되 진실로 진실로 너희에게 이르노니 죄를 범하는 자마다 죄의 종이라 35 종은 영원히 집에 거하지 못하되 아들은 영원히 거하나니 36 그러므로 아들이 너희를 자유롭게 하면 너희가 참으로 자유로우리라
12) (요 8:44, 개정) 너희는 너희 아비 마귀에게서 났으니 너희 아비의 욕심대로 너희도 행하고자 하느니라 그는 처음부터 살인한 자요 진리가 그 속에 없으므로 진리에 서지 못하고 거짓을 말할 때마다 제 것으로 말하나니 이는 그가 거짓말쟁이요 거짓의 아비가 되었음이라
13) (갈 4:4, 개정) 때가 차매 하나님이 그 아들을 보내사 여자에게서 나게 하시고 율법 아래에 나게 하신 것은

셨고 만물이 그로 말미암아 지은 바 된 창조의 빛이었습니다(요 1:2-4).[14]

인간의 불신앙의 뿌리를 치료하기 위해서 이 세상의 치료자, 치료의 빛을 가지고 오신 분이 계셨는데, 그분이 오늘 본문에서 이렇게 말씀을 합니다. 요한복음 8:12 "예수께서 또 말씀하여 이르시되 나는 세상의 빛이니 나를 따르는 자는 어둠에 다니지 아니하고 생명의 빛을 얻으리라" 예수님은 "나는 세상의 빛이다" 그렇게 말씀했습니다. 이 말씀을 반대로 해석을 하면 이 세상은 어둠이라는 말입니다. 예수님은 세상을 진단하시기를 "세상은 어둠이고 암흑 상태다" 그렇게 말씀하신 것입니다.

"나는 세상의 빛이다. 나는 세상이 어둠이요 흑암이기 때문에 세상의 빛으로 빛을 비추기 위해서 세상에 왔다" 그렇게 말씀하시면서 예수님은 세상을 어둠이라고

---

14) (요 1:2-4, 개정) 2 그가 태초에 하나님과 함께 계셨고 3 만물이 그로 말미암아 지은 바 되었으니 지은 것이 하나도 그가 없이는 된 것이 없느니라 4 그 안에 생명이 있었으니 이 생명은 사람들의 빛이라

진단한 것입니다. 이런 진단은 세상 사람들한테는 우스꽝스럽게 보여서 "어디가 어둠이냐? 환하게 사는데!" 그렇게 말합니다.

그러면 어둠은 무엇을 의미합니까? 어둠은 하나님에 대한 무지를 말하는 것입니다. 세상은 하나님에 관한 참된 인식이 없습니다. 하나님을 모릅니다. 하나님이 없다고 합니다. 하나님이 없다고 말한다면 자신을 창조한 자를 부인하게 됩니다. 자신이 어디서 나왔습니까? 우연히 생겼다고 말합니다. 자기가 누구인지도 모릅니다. 우연히 생겼다고 생각하기 때문입니다. 모르는 것입니다.

앞에서 언급한 것처럼, "당신 누구요?" 물으면 "몰라요" 이렇게 대답합니다. 계속해서 더 질문한다면, "왜 삽니까?" "몰라요" "어디서 왔습니까?" "몰라요"라고 대답합니다. "어디로 갑니까? 삶의 의미와 목적은 무엇입니까?" 이렇게 자꾸 물어보면 요즘 세상에 무슨 그런 질문을 하는 것을 보니 당신 제정신이냐? 그렇게 진리에 대해서 물어보는 사람은 이상한 사람이 되어 버렸습니다.

비정상적인 사람이 되어 버렸습니다.

세상 사람들이 "내 방식대로 사는 거야!" 말하는데 이것이 다원주의입니다. "네가 진리냐?, 예수가 진리냐? 나도 진리가 있다. 나는 내 마음대로 산다"고 말합니다. 피조물인 자신이 누구인지 모릅니다. 자기가 어디서 와서 어디로 가는지도 모릅니다. 삶의 의미와 목적도 모르고 무조건 살아가는 것입니다.

2) 어둠은 하나님께 대한 무지다
(숭산 스님의 가르침. "나는 누구인가? 오직 모를 뿐")

숭산 스님이라는 분이 있습니다. 이분이 한국 불교를 세계에 알린 화계사 조실로 계셨는데 2004년에 돌아가셨습니다. 이분이 유명해진 것은 만행이라는 하버드 대학교 출신 사람을 자기 제자로 삼아서입니다. 그 사람이 그의 설법을 듣고 제자가 됐습니다. 이분을 따르는 신도가 세계 곳곳에 약 5만 명 된다고 알려져 있습니다.

그런데 이 숭산 스님의 유명한 기본적인 화두는 "나

는 어디서 와서 어디로 가는가? 나는 누구인가? 오직 모를 뿐!" 입니다. 모른다는 것입니다. 몰라요! 어디서 왔습니까? 여러분들 모르잖아요. 예수 안 믿는 사람들은 모릅니다. 어디로 가고 있습니까? 몰라요. 당신은 누구입니까? 몰라요. 계속 질문하면 오히려 "당신 제정신이냐?"고 반문합니다.

우리 교회 전도 메시지로도 언급한 내용입니다. 지난 2월 5일 설악산 신흥사에서 열린 봉황 대제 법회 때 그 유명한 무산 스님이라는 분이 용맹정진을 마친 스님 100여 명에게 말했습니다. "어떻게 살면 바르게 살지? 몰라. 80년을 살아도 어떻게 살면 잘 사는 것인지 나는 알지 못해." 가장 유명한 스님이 이렇게 말한 다음에 "너희 중에 아는 사람이 있냐? 나와 봐?" 질문하니까 아무도 손을 안 들었습니다. "너희들 중에 아는 사람이 있다고 그러면 내가 스님 자리를 내놓고, 자리를 내줄 뻔했구만!" 이것이 불교도들이 추구하는 진리입니다. 진리를 못 찾습니다. 자기가 누구인지도 모릅니다. 왜 사는지도 모릅니다. 왜 그렇습까? 먼저 자기를 창조한 자를 알아야 자신에 대한 분명한 지식을 갖게 됩니다(칼빈, 『기독교 강요』 I, ii).[15]

예를 들면, 시계가 만든 사람의 목적대로 작동해야 시계로서의 가치가 있는 것과 같습니다. 이 시계가 그 목적대로 정상적인 방향으로 돌아야지 제멋대로 왔다갔다 하면 아무 가치가 없습니다. 던져 버리게 됩니다. 세상 사람들은 왜 사는지도 모르고 덮어놓고 그냥 살고 있습니다. 마치 시계의 방향이 제멋대로 왔다갔다 하는 것과 같습니다.

---

15) "인간은 분명히 먼저 하나님의 얼굴을 바라보고 나서, 다음으로 자신을 자세히 검토하지 않는 한, 결코 자신에 대한 참된 지식을 얻지 못한다. 왜냐하면 명백한 증거에 의해서 우리 자신의 불의, 더러움, 어리석음, 불결함을 스스로 확신하기 전에는, 우리는 항상 자신을 의롭고, 바르고, 현명하며, 거룩하다고 생각하기 때문이다(이러한 교만은 온 인류에게 본래적인 것이다)."

● 세상은 항상 진보를 말한다. 그러나 생명에는 한발자국도 나가지 못했다(잡스, 고 이병철 회장, 철학자들, 종교가들).

이러한 근본적인 무지 가운데 있으면서도 세상은 항상 진보를 말합니다. 엄청나게 발전했다고 말합니다. 르네상스를 말하고 지식 혁명시대를 말합니다. 그러나 그런 지식은 과학적 지식일 뿐이고, 생물학적이고 물리학적인 그런 지식에 불과한 것뿐이지 사람의 생명과 삶의 방법, 인간 존재와 그 본연의 자세, 인간의 운명, 미래에 관한 한 세상은 전적으로 암흑 상태입니다. 어떻게 해야 진실하게 살 것인가? 어떻게 해야 바르게 살 것인가? 삶의 목적은 무엇인가? 어떻게 해야 바르고 정결하고 거룩하게 살 수 있는가? 나는 누구인가? 나는 어디로부터 와서 어디로 가는가? 죽음 이후의 삶은 무엇인가? 잡스도 몰랐습니다. "오! 와우! 와우!" 말하고 가버렸습니다.

삼성 이병철 회장이란 유명한 분이 있습니다. 이분이 1987년 소천하기 전에 24가지 질문을 내고 그 답도 못

듣고 타계했습니다. 그가 알고자 하는 인생의 문제들이 있었어요. 그 많은 부가 인생의 문제를 해결해주지 못했습니다. '도대체 내가 누구냐?', '하나님을 어떻게 아느냐?', '죽은 뒤에 어떻게 되느냐?' 아무도 몰라요! 이것은 철학자도 종교가도 모릅니다. 세상의 문명의 진보 속에서도 영적 세계에 관한 한 단 한 발자국도 발전하지 못했습니다.

3) 왜 세상은 영적세계에 대한 이해가 없는가?

● **하나님으로부터 떠났기 때문이다**(인간 제1의 비극).

우리 교회에 윤 집사님이 있습니다. 이분이 연세대학교에서 중독과 우울증 관한 연구로 박사학위를 취득했습니다. 중독과 우울증 연구가요, 전문가인데 이분이 일본에서 지금 큰 유명한 연구소에서 연구를 하고 있습니다. 그런데 그 연구소에 있는 지도교수 한 사람이 이렇게 말했습니다. 백 년 전에 우울증과 관련된 정신질환 연구 문진들이 있는데 그 문진들이 지금 것과 똑같다는 것입니다. 그때도 우울증 걸린 사람들에 대해 연구한 내용이 있지만 그 내용에서 지금 하나도 발전된 것이 없다는 것입니다. 당연합니다. 오히려 더 어두워졌습니다.

그러면 왜 세상은 영적 세계에 대해서 이해가 없느냐? 그것은 한 마디로 인간이 하나님으로부터 떠났기 때문에 그렇습니다. 하나님을 모르니까! 창조자를 모르는 것은 마치 시계가 자기를 만든 자의 목적을 모르고 자기 마음대로 움직이면 시계로서의 가치가 없어지는 것과 같습니다. 시계에 비유한다면 '아! 인간이 나를 이렇게 시간을 알리도록 만들었구나!' 그래야 이 시계가 자기 자신의 존재와 목적을 알게 됩니다. 현재 세계의 모든 문제들의 유일한 원인은 개인 단계의 문제로부터 시작해서 국제적인 차원의 문제까지 '인간이 하나님으로부터 떠났다' 이것이 근본 원인입니다.

이 통찰이야말로 그리스도인만이 가지는 빛이요. 그리스도인만이 세상에 줄 수 있는 빛입니다. 세상은 모릅니다. '왜 이렇게 모르고 무지하지!' 창조자 하나님께로부터 떠났기 때문입니다. "하나님 없다"고 말하면서 무지에 빠져버렸습니다.

창조자 하나님을 알고 만나고 그분의 계시를 통해서만 인간은 참된 영적 지식을 가질 수 있는데, 인간은 하나님께 범죄해서 하나님을 떠났기 때문에 스스로는 아무리 노력해도 하나님과 우주와 생명에 관한 지식을 알 수가 없는 것입니다. 영적 지식에 관해서는 완전히 암흑인 것입니다. 그러므로 어둠은 무엇입니까? 하나님을 떠난 상태를 말합니다. 어둠은 창조자 하나님에 대한 지식의 무지입니다. 이것이 인간의 첫 번째 비극입니다.

● **하나님을 떠난 이유?**

① 요한복음 3:19, 8:34-36(인간 제2의 비극)
② 요한복음 8:44(인간 제3의 비극)

그러면 인간들이 하나님을 떠난 이유가 무엇인가? 여

기에 인간 비극의 두 번째, 세 번째 요소가 있습니다. 인간이 왜 하나님을 떠났습니까? 그것은 하나님께 범죄해서 떠났고, 그 다음에 마귀의 자녀가 되어 버렸기 때문에 떠난 것입니다. 인간들이 하나님을 떠난 이유는 마귀의 유혹, 사탄의 유혹으로 하나님이 선악과를 먹지 말라는 율법을 어기고 먹어서 하나님께 반역죄를 범했기 때문입니다.

그 결과 이제 반역죄의 우두머리인 사탄에 종노릇 하면서 살아갑니다. 그래서 과거에는 빛이 되신 하나님을 좋아했는데, 이제는 어둠이 되는 사탄을 좋아하면서 사탄을 따르고 있습니다. 이것이 인간의 문제인데 그 결과로 인간은 빛보다 어둠을 사랑하게 되었습니다. 교회에서 하나님께 예배드리는 것보다 바깥 세상에서 유흥을 즐기는 것을 더 좋아합니다. 이것이 세상 사람들의 특징입니다.

그래서 요한복음 3:19에서는 "그 정죄는 이것이니 곧 빛이 세상에 왔으되 사람들이 자기 행위가 악하므로 빛보다 어둠을 더 사랑한 것이니라" 그렇게 말씀합니다. 태어나면서부터 이러한 타락한 본성을 가진 인간은 빛보다 어둠을 더 사랑합니다. 그 결과로 사람은 무엇이 옳은가를 알면서도 악을 좋아하고 악을 행합니다. 양심은 그가 스스로 악이라고 알고 있는 것을 행하기 전에 경고를 합니다.

그럼에도 사람은 악을 행합니다. 그런 후에 후회합니다. 그렇지만 역시 또 악을 행합니다. 왜냐하면 악을 좋아하기 때문입니다. 여러분이 정욕을 사랑한다는 말입니다. 그것을 좇아 행하면 나쁜지 알아요. 많이 먹으면, 과식하면 나쁜지 알아요. 음란 행위를 하면 나쁜지 알지만 좋아하니까 해버립니다. 좋아하니까 먹어버리고, 좋아하니까 음란에 빠져버리고 간음에 빠져버립니다.

"나는 안하는데!" 이렇게 말할 수도 있을 것입니다. 그렇다면 이런 질문을 해 보겠습니다. "여러분 마음 깊숙한 곳에 이러한 욕망들이 없다고 정직하게 말할 수 있습니까?", "단지 그런 욕망들대로 행하지 않는 것은 그렇게 행할 때 받게 되는 대가나 처벌 때문은 아닙니까?"

마음의 중심을 보시는 하나님 앞에서 정직하게 자신의 마음을 돌아보시기 바랍니다.

인간의 문제점은 지성에 있지 않고, 그 성품과 육신의 정욕에 있습니다. 이것이 인간을 지배하고 있는 요소입니다. 그러므로 제 아무리 사람을 교육하고 통제하려고 해도 그 성질의 본성 깊은 곳이 죄에 물들고 타락했고 욕정과 치욕으로 가득찬 피조물로 되어 있는 한, 이러한 노력들은 별 소용이 없습니다. 여러분! 지금까지 몇 천 년 동안 교육을 했는데 좋아졌습니까? 교육이 엄청나게 발전됐는데 좋아졌습니까? 오히려 더 나빠져 버렸습니다. 그럼 앞으로 교육이론이 많이 발전되면 좋아질 것 같습니까? 천만의 말씀입니다. 똑같을 것입니다.

이러한 인간들에 대한 정죄를 앞에서 언급한 말씀으로 인용해 보겠습니다. "그 정죄는 이것이니 곧 빛이 세상에 왔으되 사람들이 자기 행위가 악하므로 빛보다 어둠을 더 사랑한 것이니라" 인간은 이런 의미에서 죄의 종이요, 죄의 노예인 것입니다.

● 세상의 빛으로 오신 그리스도.

그래서 예수님은 자기를 적대시하는 유대인들에게 "나는 세상의 빛이니 나를 따르는 자는 어둠에 다니지 않고 생명의 빛을 얻으리라"(요 8:12) 그렇게 말씀하셨습니다. '너희들이 어둠 속에 있는데, 내가 세상의 빛으로 왔으니까 이 빛 속에 들어와라.' 이런 예수님의 자기 계시, 곧 어둠을 밝힐 빛으로 오신 사실에 대해서 유대인들은 예수님이 세상의 빛으로 오신 사실을 인정하기를 거절했습니다. 왜 거절했습니까? 그들은 어둠 속에 있기를 더 좋아했기 때문입니다.

그래서 요한복음 8:34에서 예수님은 이렇게 그들이 죄의 종인 것을 선언하고, 이어지는 말씀에서 그들의 죄에서 예수님 자신이 그들을 자유케 할 분임을 이렇게 말씀했습니다. 요한복음 8:34~36에 보면, "예수께서 대답하시되 진실로 진실로 너희에게 이르노니 죄를 범하는 자마다 죄의 종이라 종은 영원히 집에 거하지 못하되 아들은 영원히 거하나니 그러므로 아들이 너희를 자유롭게 하면 너희가 참으로 자유로우리라"고 말씀했습니다. 예수님은 "너희는 죄의 종이다. 나는 죄를 정복하고 물리칠 세상의 빛이며 하나님의 아들이다"라고 말씀하신 것입니다. 특히 죄의 종노릇 하는 데서 자유를 얻는 길을 예수님은 "아들이 너희를 자유롭게 하면 너희가 참으로 자유하리라" 말씀하신 것입니다.

세상의 빛으로 오신 하나님의 아들 예수님은 그들에게 빛을 비추어 어둠을 몰아내신 것입니다. "너희들이 어둠 가운데 있지 않느냐?" 빛은 어둠을 드러냅니다. 그리고 치료합니다. 도망가지 않고 있으면 치료가 됩니다.

이렇게 예수님은 빛으로 오셨다는 것을 말씀하는 것입니다. 유대인들은 예수님을 세상의 빛이요 죄에서 자유케 하신 하나님의 아들로 믿으면 되는데 믿지 않고 도리어 죽이려고 했습니다. 그것은 그들이 마귀에게서 태어난 마귀의 자녀이기 때문입니다. 마귀에게 잡힌 자이기 때문에 그렇게 행동한 것입니다. 그것이 인간의 비극입니다. 인간의 첫 번째 비극은 인간이 하나님께로부터 떠났다는 것이었습니다. 그래서 하나님을 아는 지식이 없습니다.

두 번째 비극은 왜 인간이 하나님을 떠났느냐는 것입니다. 그것은 인간이 하나님께 범죄했기 때문입니다. 이것이 인간의 범죄이고 인간의 두 번째 비극입니다. 더 나아가서 범죄한 인간이 어디로 도망쳐서 삽니까? 인류의 조상을 유혹했던 바로 이 마귀에게 종노릇하면서, 마귀를 의지하면서 사는 자가 되어 버렸습니다. 이것이 세 번째 인간의 비극입니다.

그래서 예수님은 본문에서 이 사실을 이렇게 말씀하셨습니다. 요한복음 8:44 "너희는 너희 아비 마귀에게서 났으니 너희 아비의 욕심대로 너희도 행하고자 하느니라 그는 처음부터 살인한 자요 진리가 그 속에 없으므로 진리에 서지 못하고 거짓을 말할 때마다 제 것으로 말하나니 이는 그가 거짓말쟁이요 거짓의 아비가 되었음이라"

3. 세상의 빛 그리스도(요 8:12, 34-36, 44)

유대인들이 예수님을 참되게 받아들이지 못한 이유는 '그들은 마귀에게서 났기 때문이다'라고 말씀하신 것입니다. 마귀는 그들의 아버지였습니다. 유대인들의 아버지였습니다. 마찬가지로 오늘날 세상 사람들의 아버지입니다. 그래서 그들이 마귀처럼 행하는 것은 놀라운 일이 아닙니다. 마귀의 특징은 무엇입니까? 거짓말하는 것이고 살인하는 것입니다. 이것이 창세기 3장에 나온 타락의 사건의 진상입니다. 세상은 거짓말을 밥 먹듯이 합니다. 왜 그렇습니까? 세상 임금 마귀가 그들의 왕이기 때문입니다.

4) 인간의 현주소 : 사탄의 삼중적 유혹으로 삼중적 속박 속에 산다.

● **사탄의 삼중적인 유혹에 의해 타락한 인간은 사탄의 삼중적인 속박 속에 묶여 살고 있다.**

그래서 인간의 현주소가 무엇이냐? 그것은 인간은 이

렇게 사탄의 유혹 곧 삼중적인 유혹에 의해서 타락해서 이러한 삼중적인 속박의 비극 속에 사는 존재라는 것입니다. 첫 번째, 그들은 하나님을 떠났습니다. 그래서 하나님께 대한 무지 속에 삽니다. 두 번째, 그들은 육신의 정욕이라는 죄악 속에 묶여서 죄의 종으로 삽니다. 세 번째, 그들은 마귀의 자녀가 되어서 마귀의 권세 속에서 마귀처럼 행하는 자들입니다. 이러한 면에서 이들이 바로 사탄의 삼중적인 속박 속에 살고 있다는 말입니다.

5) 삼중적인 치료자 그리스도, 세상의 빛 그리스도.

그러므로 예수님은 이렇게 사탄의 삼중적인 유혹에 의해서 타락해서 삼중적인 속박 속에 묶여 사는 인생들을 구원하기 위해서 삼중적인 직분을 가지고 오실 이유가 있었습니다. 삼중적인 속박 속에 결박된 인간의 구원에 삼중적인 치료가 필요했기 때문이라는 말입니다.

3. 세상의 빛 그리스도 (요 8:12, 34-36, 44)

● 하나님을 보여주는 빛, 선지자 되신 그리스도.

그래서 예수님은 하나님을 떠나서 하나님에 관한 지식을 잃어버린 인생들에게 하나님에 관한 지식을 주기 위해서 하나님을 아는 지식, 곧 빛을 가지고 오셨습니다.

다른 표현으로는 그 자신으로 하나님을 우리에게 보여주시는 선지자로 오셨습니다. 예수님은 우리에게 하나님을 보여주는 빛입니다. 예수님은 우리에게 하나님을 보여주실 때에 어떤 이론에 의해서 보여주시지 않고 자기 자신으로 보여줍니다. 우리가 예수님을 우리 심령 속에 모시게 될 때에는 하나님을 환하게 알게 됩니다. 왜 그렇습니까? 예수님은 하나님과 일체이신 아들이기 때문에 누구든지 예수님에게 참되게 접촉하는 자마다 하나님을 알게 됩니다.

이렇게 하나님에 관한 참된 지식을 갖게 될 때에 인간은 자신과 우주와 인생 전체에 관한 지식을 알게 되고, 세상의 지도자로서 세상의 빛으로 살 수 있습니다.

세상 사람들은 아무것도 모릅니다. 그러나 예수님을 참되게 인격적으로 만난 사람은 모든 것을 다 알게 됩니다. 여러분! 누가 지도자입니까? 정보를 많이 가지고 있는 사람이 지도자입니다. 누구든지 이러한 사람을 따르게 됩니다. 예수님을 참되게 만난 사람은 놀라운 지식을 가지고 있는 자입니다.

● **희생제사의 빛을 가지고 오신 그리스도, 제사장 되신 그리스도.**

또한 예수님은 하나님께 범죄하여 육체적 정욕의 노예로 살고, 죄에서 오는 양심의 찔림과 죄의식 그리고 죄의 형벌에 대한 두려움을 도말해주시고 하나님께 나아갈 수 있도록 하기 위해서 희생제사의 빛을 가지고 오셨습니다. 곧 제사장으로 오셨다는 말입니다.

예수님이 그 자신의 피의 희생제사를 우리 대신 하나님께 드림으로 모든 죄와 죄의식을 도말해서 우리로 하나님과 바른 관계에 서게 하며, 괴로운 비극과 찔리는 양심에서 우리 심령을 구하고, 그래서 하나님과 평화를 이루고 평강과 기쁨의 삶 속에 살아가게 합니다.

저는 여러분의 심령을 잘 모르지만, 예수 없는 사람, 하나님을 모시고 살지 않는 사람의 마음은 요동하는 바다 물결 같다고 성경은 말합니다. 이 생각, 저 생각이 왔다갔다 하면서 불안과 공포 속에 살고 있습니다(사 57:20).[16]

여러분들이 하나님을 자기 마음 안에 모시면 평안이 있습니다. 뿐만 아니라 희락이 있어요. 여러분! 빛 되신 그리스도를 우리 마음 중심에 모시면 하나님을 환하게 알 뿐만 아니라 죄에서 자유를 얻게 됨으로 인해서 평강과 기쁨의 하나님 나라가 세워지는 것입니다. 하나님과 원수 관계에서 하나님과 화목한 평화의 관계로 바뀌진다는 말입니다.

여러분! 창조주 하나님과 불화 관계에 있기 때문에 인간이 불안과 염려와 공포 속에 사는 것입니다. 그런데 그

---

16) (사 57:20, 개정) 그러나 악인은 평온함을 얻지 못하고 그 물이 진흙과 더러운 것을 늘 솟구쳐 내는 요동하는 바다와 같으니라

관계가 회복되니 하나님과 평화의 관계가 이루어지는 것입니다. 예수님이 피의 희생제사를 가지고 대신 속죄의 제사를 드리니 하나님과 평화가 오는 것입니다. 예수님이 제사장으로 오셔서 자신을 우리 죄를 위한 제물로 대신 드려서 하나님과 평화의 관계가 회복되고 이제 평강의 왕이신 그분이 내 안에 평화와 감격으로 오신다는 말입니다.

좀 과장해서 말하면, 여러분이 예수님을 그리스도라는 진리를 참되게 깨닫고 받아들일 때, 항상 그런 것은 아닙니다만, 이 진리에 접촉할 때 그 감격 가운데 최고의 황홀 지경의 경이를 느낍니다. 이건 좀 신비한 말 같은데, 여러분! 주님과 딱 연합이 되면 황홀한 마음이 생깁니다. 이러한 희락의 나라가 생깁니다.

그러므로 예수님을 믿고, 예수님을 모시고 사는 것이 그것이 기쁨이요, 감격이요, 그것이 천국입니다. 다른 것 좋아할 필요가 없습니다. 여러분들은 무엇을 좋아합니까? 고고춤이 좋습니까? 고고춤은 어떤 사람이 말하

3. 세상의 빛 그리스도 (요 8:12, 34-36, 44)

기를 몸을 너무 비틀어서 지옥 가는 연습을 한다고 했습니다. 좀 지나친 표현인지 모르는데, 어쨌든 인간은 본래 하나님을 모시고 사는 황홀한 행복 속에 살도록 지음받은 존재입니다.

그래서 죄로 인하여 하나님을 떠나 하나님을 모르고 사는 인생들은 어느 누구든지 무엇인가 갈증이 있습니다. 하나님을 향한 심오한 영적인 목마름이 있는데 그것은 다른 것으로는 안 채워집니다. 돈 가지고 안 채워져요. 쾌락 가지고 다 안 채워져요. 그런데 그것을 모르고 육체적인 것을 가지고 목마름을 채우려고 하는데, 이것은 하나님을 향한 목마름이어서 하나님을 만나야 채워집니다. 그런데 그것이 없다는 말입니다.

오늘날의 문제가 무엇입니까? 광적인 쾌락의 시대에 살고 있다는 것입니다. 무엇이든지 좋으면, 기쁜 것이면 다 합니다. 그것도 부족하니까 마약을 먹고 환각 속에 들어가려고 합니다. 이것이 다 마약 남용의 다 부분적인 원인인 것입니다.

예수님은 바로 이러한 인생의 문제, 영적인 갈급함을 채워주기 위해서 참된 평화의 왕국, 곧 하나님과 평화를 회복하여 예수님과 함께 하나님 만나 뵙고 살도록 하기 위해서 희생제사, 그 빛을 가지고 오셨습니다. 이를 위해 제사장으로 오신 것입니다.

● **사탄의 권세를 정복하신 빛 그리스도, 왕 되신 그리스도.**

뿐만 아니라 예수님은 이 세상 임금인 사탄의 손에서 우리를 건지기 위해서 하나님 나라의 왕으로 오셨습니다. 우리를 속여서 이 세상을 통치하는 이 세상 임금을 정복하기 위한 진정한 왕으로 오신 것입니다. 여러분! 한 나라를 정복할 때에는 다른 나라가 와서 그 나라를 정복함으로 새로운 나라가 세워집니다. 마귀의 나라를 정복하려면 더 큰 능력을 가진 다른 나라 왕이 와서 이 나라를 정복해야 됩니다.

예수님의 죽음으로 이미 사탄의 왕국은 정복되었습니다. 그러나 완전한 정복은 예수님의 재림과 함께 이루어지기에 지금도 계속 사탄의 왕국은 정복당하고 있습니다. 이것이 지금 우리 주님이 오신 이유 중의 하나입니다. 그래서 하나님께 범죄하여 하나님을 떠나서 이 세상 나라 사람으로 사탄의 통치 속에 살고 있는 자들을 뽑아내서 하나님의 자녀로 삼아 새로운 나라의 왕! 새로운 왕! 임금 예수! 이 왕의 통치 속으로 들어오게 한 것입니다. 이것을 성취하기 위해서 빛 되신 왕으로 오셨습니다.

요한일서 3:8에서 "죄를 짓는 자는 마귀에게 속하나니 마귀는 처음부터 범죄함이라 하나님의 아들이 나타나신 것은 마귀의 일을 멸하려 하심이라" 그렇게 말씀합니다. 예수님은 십자가에서 못 박히신 죽음으로 죽음의 세력을 잡은 자 마귀를 멸하셨습니다.[17] 그래서 보통 세상 사람들은 그 의지가 사탄에 굴복하고, 육신의 정욕에 굴복하면서 살아가는데 그 세력에서 건진 것입니다.

여러분! 저는 예수님을 믿기 전에는 의지가 약해서 결심을 해도 그것을 지키지 못했었습니다. 그래서 괴로

---

17) 어떻게 마귀를 멸하셨는지는 히브리서 2:14에서 "자녀들은 혈과 육에 속하였으매 그도 또한 같은 모양으로 혈과 육을 함께 지니심은 죽음을 통하여 죽음의 세력을 잡은 자 곧 마귀를 멸하시며"라고 말하고 있습니다.

움을 많이 당했는데, 주님의 통치 속에 있으니 그것을 이겨냅니다. 사람들이 보통 의지가 약해서 작심삼일로 끝나지 않습니까? 왜 그렇습니까? 능력이 없기 때문입니다. 전부 육신의 정욕대로 삽니다. 공부를 해야겠다고 결심하지만 오래 앉아서 공부하는 것이 힘들어서 잠이 들거나 놀러 갑니다. 힘이 드니까 포기하고 노래방에 가버립니다.

그런데 이 연약한 의지가 그리스도의 통치 아래 들어가면 견고해진다는 말입니다. 사탄을 정복하고 거룩한 길을 걷게 하고 의와 사랑의 길을 가게 한다는 말입니다. 그래서 하나님 나라의 백성답게 살아야 하는 것입니다. 왕 되신 그리스도가 힘을 주셔서 바르게 걷게 하시고, 인도하신다는 말입니다. 이것을 위해서 예수님은 왕 되신 그리스도로 오셨습니다.

6) 예수님을 세상 빛으로 오신 선지자, 제사장, 왕 되신 그리스도로 영접하라.

그러므로 여러분 모두가 어둠을 정복하러 오신 예수님, 세상의 빛으로 오신 예수님을 선지자 제사장, 왕이신 그리스도[18]로 모시고, 믿고, 마음 중심에 모셔 들여야 할 것입니다.

예수님을 그리스도로 믿는다는 것은 예수님을 세상의 빛, 곧 그리스도로 영접하는 것입니다. 더 구체적으로 말하면, 예수님을 선지자 그리스도로 믿고 예수님을 따르기로 결심하는 것입니다. 그것은 "그 말씀대로 내가 따르겠다"고 결심하는 것입니다. 또 예수님을 제사장으로 모시고 "이제 주만을 의지하면서 그분의 이름으로 기도하면서 살아야겠다"고 결단하는 것입니다. 또 예수님을 왕으로 영접하고 "그에게만 복종하고 그분의 다스림과 통치 속에 살아야겠다"는 것입니다. 이런 결단! 이것

---

18) "기름부음을 받은 자"를 의미하며 구약시대에는 선지자, 제사장, 왕이 기름부음을 받아 임명되었습니다. 구약성경 히브리어로는 메시아(מָשִׁיחַ: 마쉬아흐), 신약성경 헬라어로는 그리스도(Χριστός: 크리스토스)라고 합니다.

이 예수님을 그리스도로 믿고 사는 사람의 영적인 모습입니다.

　구원은 이 세 가지 진리를 마음으로 믿고 입으로 시인하여 구원을 얻는 것입니다(롬 10:9).[19] 우리 모두 다 같이 이 시간에 예수님을 세상의 빛 그리스도스도로 믿고 영접을 해서 그분이 여러분의 왕이시요, 여러분의 선지자시요, 여러분의 제사장으로 모셔 들여야겠습니다. 제가 한 번 기도할테니, 여러분들도 따라서 한 번 하시기를 바랍니다. 그래서 이것이 바로 지금 예수님을 여러분의 마음 중심에 모시는 겁니다. 어떻게 모시느냐? 기도로 모시는 것입니다.

　주 예수님, 저는 마귀의 유혹으로 하나님께 범죄하여 하나님을 떠나 마귀의 자녀로 살았습니다. 지금 사탄의 삼중적인 유혹과 타락 속에 사는 저를 구원하기 위해서 예수님께서 삼중적인 치료자로 오심을 감사합니다. 저는

---

19) (롬 10:9, 개정) 네가 만일 네 입으로 예수를 주로 시인하며 또 하나님께서 그를 죽은 자 가운데서 살리신 것을 네 마음에 믿으면 구원을 받으리라

이 시간 예수님을 하나님을 아는 지식을 가지고 선지자로 오신 그리스도이심을 믿고 오직 예수님만을 따르기로 결심합니다. 또 예수님을 내 죄악을 도말하시고 하나님께 나아가 하나님을 뵈옵고 살도록 희생제사를 가지고 오신 예수님을 제사장으로 믿고 예수님만 의지합니다. 또한 예수님을 왕으로 영접합니다. 사탄과 흑암세력을 정복하여 의와 사랑으로 통치하시는 그리스도의 통치의 빛 속에 살기를 결심합니다. 주 예수님 제 마음의 중심에 오셔서 저의 선지자, 제사장, 왕이 되어 주시옵소서! 저를 통치하고 인도하고 다스려주옵소서! 저는 아무 공로 없으나 오직 예수님의 공로만을 의지합니다. 예수님의 이름으로 기도하옵나이다. 아멘.

4. 복음 받은 신자도 세상의 빛

여러분이 참되게 기도하였다면 예수님은 약속대로 여러분 마음의 중심에 오셔서 여러분의 선지자, 제사장, 왕으로 임하실 것입니다. 매사에 예수님의 이름으로 기도하면서 예수님의 말씀을 듣고 순종하며 살 것입니다.

● **세상의 빛 그리스도를 믿고 영접하는 자는 "세상의 빛"** (마 5:14)**이 된다.**

이렇게 여러분이 세상의 빛으로 오신 예수님을 마음 중심에 모시게 될 때 여러분도 세상의 빛이 됩니다. 예수님은 자신을 세상의 빛 되신 그리스도로 믿는 일단의 무리들에게 마태복음 5:14에서 "너희는 세상의 빛이라"고 말씀했습니다. 복음 받은 여러분도 예수님과 같이 세상의 빛이 되었습니다. 어두운 세상의 빛입니다. 하나님은 그의 아들 예수 그리스도를 믿고 영접하는 자들을 세상의 빛으로 삼으셔서 세상의 빛 되신 그리스도의 아름다운 덕을 선포하게 하시는 것입니다.

4. 복음 받은 신자도 세상의 빛

● **복음의 빛을 받은 그리스도인은 어둔 세상에서**

① 하나님에 관한 지식을 가진 자로 하나님을 증거하고 예수가 그리스도임을 증거 하는 선지자

② 죄와 죄의식과 죄로 인해 상하고 찢겨진 인생들의 마음을 치유해주고 기도해주는 제사장

③ 운명과 저주에 매여 사탄과 어둔 세력의 종노릇 하는 자들을 건져내는 왕의 사역자

복음 받은 여러분은 하나님을 모르는 어두운 세상에 하나님에 관한 지식을 가진 자로서 하나님을 증거하는 선지자요, 여러분은 죄와 죄의식과 죄로 인하여 상하고 찢어진 인생들의 마음을 위로해주고 치료해주는 제사장입니다. 여러분은 운명과 저주에 매여서 사탄에 종노릇하는 인생들을 사탄의 세력에서 건져내는 왕의 사역자들입니다.

한 마디로 복음 받은 여러분, 그리스도의 빛을 받은 여러분은 이 세상의 지도자들입니다. 여러분만이 하나님

을 알고 하나님을 아는 지식을 갖고 있으며 그 하나님과 교제하고 그 하나님과 동행하는 자들입니다. 인생이 직면한 저주와 재앙, 지옥과 사탄의 운명 문제를 해결하고 그 비밀을 알려주는 자들입니다. 각종 마음 상처를, 찢어진 마음을 가진 자들을 위로해주고 치료해 줄 치료자들입니다. 어둠의 세력들, 귀신들의 세력들에 사로잡혀서 터질 것 같은 마음을 갖고 자살하고 싶은 우울증 환자들을 치료해주고 귀신의 세력으로부터 자유케 해주는 왕 같은 제사장들입니다. 권세자들입니다.

무엇보다도 여러분은 소망 없는 세상에 예수 그리스도로 말미암아 이루어질 영광의 세계, 앞으로 이루어질 하나님의 나라를 지향하는 선구자들이요, 증인들입니다.

그러므로 여러분들은 기도하고 복음을 증거 하면서 세계를 지도하는 지도적인 입장을 가지면서 지도자로 걷는 자들입니다. 복음 받은 그리스도인은 세상의 구경꾼이 아닙니다. 이 시대의 지도자들입니다. 이제 말씀을 마치고 정리하고자 합니다.

5. 세상의 빛인 그리스도인의 지위와 권세

예수는 그리스도 하나님의 아들. 예수님은 하나님의 아들 그리스도라는 증거로 죽은 자 가운데서 부활하셨습니다. 이 복음으로 깊이 뿌리를 내리기 바랍니다.

● **복음 받은 그리스도인들은 세상의 빛이다. 그러므로 신자는 이 세상의 지도자들이다.**

예수님은 살아 계신 하나님의 아들 그리스도입니다. 예수님이 하나님의 아들 그리스도로 인생문제를 해결하기 위해서 어둔 세상의 빛으로 오셨습니다. 이 복음으로 깊이 뿌리를 내리면 빛 되신 우리 주님을 마음 중심에 모시기 때문에 여러분 안에 있는 모든 어둠이 사라지게 되어 있습니다. 여러분 안에 있는 죄악의 어둠이 사라지게 됩니다. 염려, 근심도 사라지고 모든 질병도 사라질 것이며, 또 사탄의 세력도 쫓겨 나갈 것입니다.

복음 받은 여러분들은 소망 없는 이 세상에 예수 그리스도로 말미암아 이루어질 영광의 세계(하나님의 나라)를 지향한 선구자들이요, 증인입니다. 그래서 여러분은 어두운 세상에 하나님과 그의 아들 그리스도를 증거하는 증인으로 사는 세상의 지도자들인 것을 여러분들이 확실하게 믿기를 바랍니다.

● **예수 그리스도 복음 증거와 기도로 이 세계의 지도적 입장을 취할 것이다.**

전 통일부 장관이며, 주중 대사를 지냈던 김하중 전 장관이 있습니다. 이분이 2010년에 『하나님의 대사 I』를 냈고, 그 이후에 『하나님의 대사 II』, 얼마 전 『하나님의 대사 III』를 냈어요. 모두 베스트셀러입니다. 그런데 그분의 기도는 신비적으로 응답이 됩니다. 아주 성령의 인도를 받는 지도자인데 『하나님의 대사 III』에서는 김대중, 노무현 두 전직 대통령 재임 당시에 그들을 위해서 기도하면서 국정을 이끌어나갔던 비화들을 소개 했습니다. 놀라운 내용입니다.

사실상 그분의 기도로 인해서 이 시대의 지도자의 길

을 그가 걸었던 것입니다. 그분이 주중 대사를 6년간 했는데 그때는 중국과 아주 관계가 좋았었습니다. 지금은 아주 어렵습니다. 왜 그렇습니까? 복음의 빛을 가지고 이 빛을 증거하며 살기 때문에 나타난 결과입니다.

● **여러분들은 세상의 빛이다.**

여러분! 그러므로 세상의 빛 되신 그리스도를 여러분의 마음 중심에 모시면 여러분도 빛이 되어서 살게 됩니다. 어두운 세상에 빛을 비춰가며 살면 됩니다. 여러분은 세상의 지도자들이요. 아무것도 두려워할 필요가 없습니다.

하나님을 모르고 어둠과 저주 속에 미래에 대해서 염려 걱정해서 사는 무리들에게 빛 되신 그리스도를 여러분이 증거해야 됩니다. 그러한 삶을 사는 길은 간단합니다. 여러분들이 지도자로서 역할을 해야 할 모든 상황과 문제 가운데 예수 그리스도 이름으로 기도하면 됩니다.

● 그리스도 빛 속에 있는 자는 반드시 승리한다. 세상과 사탄과 나 자신을 이긴다.

작년 말에 어떤 분이 우울증으로 고생을 하면서 마음이 터질 것 같아서 지금 당장 자살하고 싶다고는 말을 했습니다. 자살하고 싶다는 것은 사탄의 역사라고 분별하면서, "예수 그리스도의 이름으로 명하노니 이 사람 배후에 역사하는 어둠의 세력, 저주의 세력은 그리스도 이름으로 나가라." 이렇게 한두 번 기도했습니다. 사탄이 역사한 사실을 깨달은 순간 그분은 자유함을 얻었습니다. 금방입니다. 죽을 것 같다고 자살하고 싶다던 사람이 완전 새사람이 됐습니다. 감격했습니다. 간단합니다.

여러분! 이제 일어나서 빛을 받았으니 빛을 발하는 자가 될 것입니다. 기도하고 복음 증거로 이 세계에 지도적인 입장을 취하면서 걷는 존귀한 그리스도인이 되기를 주님의 이름으로 축원합니다.

복음의 빛을 받도록 여러분이 기도했으니 복음의 빛

이 들어왔습니다. 이제는 빛대로 살면 됩니다. 말씀대로 순종해서 살면 됩니다. 기도하면 됩니다. 때를 따라서 예수 그리스도 이름으로 어둠의 세력을 꺾으면 됩니다. 기도하겠습니다.

살아 계신 아버지 하나님, 하나님 은혜에 감사합니다. 어둔 세상에서, 하나님을 아는 지식이 없는 어둔 세상, 무지의 세상, 바로 그 원인은 인간이 하나님께 범죄를 해서 하나님을 떠났기 때문에 그리고 범죄한 이후로는 마귀의 자녀가 되어서 살기 때문임을 알게 하심을 감사드립니다. 이러한 인생의 세 가지 비극으로 인해서 사탄의 삼중적인 속박 속에 사는 무리들에게 하나님이 그 아들 그리스도를 빛으로 보내서 치료하기 위해서 삼중적인 치료의 직함을 가지고 이 땅에 오게 하심을 감사드립니다. 이 복음의 진리인 예수님은 참된 하나님을 아는 지식, 빛을 가지고 우리에게 찾아와서 빛을 주시기 때문에 예수님을 하나님의 아들로 믿으면 환하게 하나님을 알게 되고 하나님을 만나게 될 뿐만 아니라 죄악을 도말해서 하나님과 원수된 관계에서 하나님과 평화와 화평된 관계로 교제하기 때문에 우리 마음속에 진정한 평안과 행복과 은혜의 나라가 임합니다. 하나님을 만나면서 그분의 은혜 속에 살고 그분의 은혜로 살면서 뿐만 아니라 사탄의 세력으로 인해서 그 의지가 약해서 언제든지 작심삼일로서 정욕에 굴복당하고 세상에 굴복당하며 살았습니다. 이제는 그리스도의 통치, 왕 되신 그리스도의 통치를 받음으로 인해서 바르고 힘 있고 하나님의 백성답게 걷는 의와 사랑의 삶을 살 수 있는, 모든 성도가 참되게 마음 중심에 새롭게 깨닫는 믿음의 은혜를 주시옵소서. 이 믿음 안에서 우리 모두가 다 세상의 빛으로 오신 우리 주님을 모셔서 우리도 세상의 빛이 되고, 그러므로 일어나서 빛을 발하는 저희들이 되게 하시고, 삶의 현장에 나가서 세상의 빛으로 힘 있게 복음과 기도로 이 세상을 지도하는 지도적 입장에 서는 지도자의 삶을 살아가게 하여 주옵소서. 예수 그리스도 이름으로 기도하옵나이다. 아멘.

세상의 빛, 그리스도

"예수께서 또 말씀하여 이르시되 나는 세상의 빛이니 나를 따르는 자는 어둠에 다니지 아니하고 생명의 빛을 얻으리라"(요 8:12)

저자 소개   **임 덕 규**

육군사관학교 졸업
서울대학교 법대 및 동대학원 졸업(법학박사)
대한신학교 졸업
아세아연합신학대학원 졸업(M.A., M.Div.)
육군사관학교 법학과 교수 역임
대한예수교장로회(대신) 충성교회 담임목사

저서 소개

복음과 성령충만 I, II

임덕규 지음/ 신국판
복음의 증인으로 살 수 있게 하는 탁월한 훈련 교재.

인생 모든 문제의 해답 I, II, III

임덕규 지음/ 신국판
인생 모든 문제의 해결자 되신 그리스도를 만나는 길.

신구약을 관통하는 그리스도

임덕규 지음/ 신국판/ 352면

신구약성경을 관통하는 그리스도 안에 모든 것이 다 있다!

신구약을 관통하는 그리스도 완결편

임덕규 지음/ 신국판/ 472면

조직신학을 복음의 권능으로 바꾸는 책.

하나님을 만나는 길

임덕규·박철동 지음/ 신국판/ 376면

그리스도의 피의 희생제사를 통해 인간이 하나님께 나아갈 수 있다는 진리를 전해준다.

복음이란 무엇인가 시리즈

복음이란 무엇인가? [1]
예수, 그는 누구신가?
Jesus, Who is He?
임덕규 지음/ 46판/ 72면/ 3,000원

평신도 전도용으로 쉽게 예수님이 누구신지에 대해서 저술하고 있다. 예수 그리스도는 구원의 주로서 그리스도시요, 살아계신 하나님의 아들이다. 전도하기 위한 태신자가 있다면 본서를 통해 예수 그리스도를 소개하면 좋을 것이다.

복음이란 무엇인가? [2]
예수, 그는 무엇을 하셨는가?
Jesus, What did He do?
임덕규 지음/ 46판/ 120면/ 5,000원

그리스도의 죽음과 부활은 구약성경에 이미 수천 년 전에 예언되어 있었고, 그 예언대로 예수님이 이 세상에 오셔서 성취하셨다. 본서에 기록된 이 복음진리를 참되게 상고한 자는 이 진리를 확신하고 구원을 얻을 것이며, 이 진리에 인생을 걸 것이다.

복음이란 무엇인가? [3]
예수는 그리스도
Jesus is Christ
임덕규 지음/ 46판/ 88면/ 5,000원

신·구약 성경의 주제는 한마디로 '예수 그리스도'이다. 예수는 '하나님의 아들 그리스도'이시며 또한 제사장, 선지자, 왕의 세 가지 직함을 이루신 그리스도임을 마가복음을 통하여 증거하고 있다.

세상의 빛, 그리스도 Christ as The Light of The World

2013년 2월 20일 초판 발행

지은이 | 임 덕 규

펴낸곳 | 사) 기독교문서선교회
등록 | 제16-25호(1980. 1. 18)
주소 | 서울시 서초구 방배로 68
전화 | 02) 586-8761~3(본사) 031) 942-8761(영업부)
팩스 | 02) 523-0131(본사) 031) 942-8763(영업부)
홈페이지 | www.clcbook.com
이메일 | clckor@gmail.com
온라인 | 기업은행 073-000308-04-020, 국민은행 043-01-0379-646
　　　　　예금주: 사)기독교문서선교회

ISBN 978-89-341-1263-1(03230)
* 낙장·파본은 교환해 드립니다.

10

　영적 지혜로 풍요로운, 세상 어떤 것보다 사랑을 으뜸으로 삼고 살아가는 공동체가 되십시오! 사랑은 하느님에게서 오며, 사랑은 우리를 하느님 생명에 참여시킵니다. 이 세상 안에서 길을 찾기보다 하느님과 그분의 무한한 사랑을 향해 나아갈 길을 찾으십시오.

- 사랑과 십자가의 지혜를 실천하며 살아갑니까?
- 세상 그 무엇보다 사랑이 먼저임을 온전히 받아들입니까?
- 여러분이 속한 공동체 구성원들은 사랑 안에서 반갑고 너그럽게 사람들을 맞이할 만큼 하느님을 사랑합니까?

9

　공경으로 충만한 공동체, 하느님을 열렬히 사랑하는 공동체, 매 순간 하느님의 고통과 기쁨을 함께하고픈 마음으로 그분 사랑에 보답하기를 소망하는 공동체가 되십시오.

- 믿음과 희망과 사랑의 공동체는 자신이 먼저 공경함으로써 인정을 받습니다. 여러분의 공동체는 선택을 할 때 항상 하느님을 흠숭하고 존중하는 마음으로 합니까?
- 하느님을 향한 부드러운 마음을, 하늘에서 무상으로 받은 위대한 사랑의 열매인 그 마음을 구성원들에게 아낌없이 나누어 줍니까?
- 그 무엇보다 주님을 사랑하는 것이 시급함을 마음과 정신을 다해, 우리의 모든 것을 다해 세상에 증거합니까?

느님 나라의 성장을 위해 교회에 봉사할 준비가 되어 있습니까?
· 몰이해와 모욕 앞에서도 온유함을 잃지 않습니까?
· 이해받고 평화로울 때에는 어떤 태도로 이웃을 섬깁니까?

8

 사랑 안에서 활동하는, 열려 있는, 화해의 생생한 몸짓을 보여 줄 수 있는, 비록 여러분과 다르다 할지라도 모든 형제자매를 반갑고 너그럽게 맞아 주는, 존경과 사랑으로 타인을 받아 주고 하느님께서 여러분에게 주신 선물을 무상으로 베풀기 위해 타인에게 자리를 내어 주는 공동체가 되십시오! 기쁜 마음으로 너그럽게 용서하고 마음의 평화를 위해 힘껏 활동하십시오.

- 여러분이 속한 공동체는 모든 형제자매를 반갑고 너그럽게 맞아 줍니까? 여러분과 가까운 사람이나 하느님을 찾고 예수 그리스도를 만나기를 소망하는 사람에게 항상 열려 있고 그들을 환대합니까?
- 교회의 다양성을 존중합니까?
- 여러분이 공동체와 더 이상 함께하지 못할지라도 하

7

 희망으로 강해지는, 하느님께서 여러분을 위해 남겨 주시고 교회가 목자들을 통해 전해 준 길로 끈기 있게 걸어가는, 하느님에 대한 충직함과 증거 안에서 자유롭고 용기 있는, 값비싼 대가를 치르더라도 주님께서 베풀어 주시는 참된 자유의 선물 안에서 이웃을 위해 아낌없이 내어 주는 공동체가 되십시오.

- 여러분이 속한 공동체는 희망으로 힘을 얻습니까?
- 하느님의 부르심에 충실히 응답하는 가운데 여러분이 가야 할 길을 지속적으로 끈기 있게 걸어갑니까?
- 여러분의 공동체는 신뢰하고 의지할 수 있습니까?
- 여러분은 무관심이 아닌 희생을 요구하는 책임에도 성실합니까?

🔥
6

하느님의 시선 안에서 사는, 오직 그분의 마음에 들기를 소망하는, 그래서 그분의 거룩한 이름을 경외하는 가운데 신중하게 처신하고 활동할 줄 아는, 세상의 계산과 평가에서 자유로운 공동체가 되십시오.

- 여러분이 내리는 평가와 여러분이 세우는 계획 안에서 하느님에 대한 경외는 얼마나 큰 비중을 차지합니까?
- 주님의 심판을 받을 준비가 되어 있습니까, 모든 일에서 그분의 마음에 들고자 애씁니까?
- 복음과 예수님을 따르라는 요구를 마음에 품고 살아갑니까, 아니면 지상의 성공을 꿈꾸는 일에 연연합니까?

5

희망 안에 살며 모두에게 하느님의 약속이 넘침을 증거할 수 있는 공동체가 되십시오! 하느님의 넘치는 약속은 우리를 모든 악의 굴레와 죽음의 두려움에서 자유롭게 해 줍니다. 또 신뢰의 마음으로, 지상의 이익과 재물에 대한 초연함으로, 온갖 실패나 박해나 패배보다 강한 확신으로 나아갈 바를 바라보게 합니다.

- 여러분이 속한 공동체는 희망이 가득합니까?
- 현시대의 수많은 악 앞에서도 하느님께서 우리를 위해 펼쳐 주실 전망을 언제나 변함없이 바라볼 수 있습니까? 온갖 일들과 마주치는 가운데서도 언제나 희망을 증거합니까?
- 주님 안에서 희망을 가지고 기쁘게 삽니까? 마음이 가난한 사람들, 의로움에 주리고 목마른 사람들, 박해받는 사람들이 누리는 참행복을 누리며 삽니까?

- 여러분의 은총이나 여러분의 모임이 '하나의 길'임을, 교회의 수많은 길 가운데 하나임을 압니까? '다른 길들'도 하느님의 부르심이고 또 부르심일 수 있으며, 그 길들 없이는 현재의 교회 안에서 구원 계획이 완수되지 못함을 인정합니까?
- 여러분이 걷는 '길'은 진정 교회의 길입니까?

4

　의견의 선물에 순응하는, 영적 성숙의 단계에서 단 한 사람의 영적 여정도 존중할 줄 알며 개개인의 여정을 도와주는 공동체가 되십시오. 위로자이신 성령과 현명하고 온전히 자유로운 사람들의 지도 아래 각자의 선택을 자유롭게 영위할 공동체가 되십시오.

- 여러분의 공동체는 의견의 선물이 존중받고 장려됩니까?
- 공동 목표를 향해 나아가기 위해 온갖 노력을 기울여야 할 때에도, 여러분의 공동체에서는 개인의 생각과 양심을 성숙시키기 위한 여정이 존중받고 또 강조됩니까?
- 여러분의 공동체에 소속되지 않은 사람들과도 한데 어울리며, 그들에게서도 영적 지도를 받도록 공동체 구성원들을 독려합니까?

🔥

3

믿음의 지식 안에서 성장하는 바람직한 공동체, 진리의 화음을 들려주는 스승들의 양식을 먹고 자라는 공동체가 되십시오. 진리는 빛을 비추어 주고 구원하니, 진리는 시간과 공간 안에, 과거와 같이 현재에도 가톨릭의 모든 공동체에 주어진 다양성과 풍요로움 안에 현존합니다. 성령에 충실한 사목 계획을 세우고 실천하는 공동체가 되십시오.

- 여러분의 공동체는 믿음의 지식을 양식 삼아 자랍니까? 구성원들의 신학적 양성에 관심을 기울입니까?
- 여러분이 속한 공동체는 성령이 교회 안에 북돋아 주고 교회가 여러분에게 권고하는 신학과 영적 체험의 스승들에게 귀를 기울입니까?
- 여러분은 사목 계획을 충실히 실천합니까?

2

　내적 기도 안에서, 여러분의 목자와의 친교 안에서, 하느님의 말씀을 따라 영적 통찰로 풍요롭고 우리 시대의 분열과 혼란 속에서도 통합을 이루어 낼 줄 아는 공동체가 되십시오.

- 어떻게 영적 통찰을 합니까?
- 하느님의 말씀을 따를 준비가 되어 있습니까? 하느님의 말씀에 비추어 토론합니까?
- 여러분이 속한 공동체에 '기도 모임'이나 '거룩한 독서lectio divina 모임'이 있습니까?
- 목자들의 교도권에 진심으로 순응합니까?
- 여러분의 공동체가 내세우는 카리스마와 여러분의 영적 스승들에게서 물려받은 통찰을 가톨릭 신앙이 가르치는 통찰과, 교황 및 주교들이 통찰에 관해 제시하는 지침에 따라 판단하고 평가합니까?

가까운 이웃에게든 언제나 자비를 베풀 수 있는 만반의 준비를 갖추십시오.

- 가톨릭 교회의 신앙을 믿습니까?
- 살아 계신 하느님께 전적으로 충실한 삶을 삽니까? 여러분이 속한 공동체는 믿음으로 말씀을 듣고 거룩한 전례를 거행하며, 주님이신 예수님의 복음을 증거합니까?
- 마음이 깨끗한 사람들, 슬퍼하는 사람들, 자비로운 사람들이 누리는 참행복을 누리며 삽니까?

부록

공동체의 양심 성찰을 위한 십계명

본당, 단체, 모임, 운동 등 모든 공동체가 하느님의 말씀을 기꺼이 따르며 성령의 숨결에 마음을 활짝 열도록, 모든 이를 다음의 양심 성찰에 초대합니다.

1

믿음의 공동체, 교회 전체의 믿음에 충실한 공동체, 예수 그리스도를 통해 우리에게 말씀하시는 살아계신 하느님을 마음과 생명을 다해 조건 없이 따르는 공동체가 되십시오. 지향을 올곧게 가꾸고, 고통과 슬픔 속에서도 기뻐하며, 멀리 떨어져 있는 이들에게든